김양호 박사의 성공 바이블 스피치편
A successful man has another speech

연설이나 강연 등의 대중 스피치를 처음 하는 사람은 누구라도 두려움에 심장이 얼어붙는다고 하소연한다. 하지만 너무 걱정할 필요는 없다. 당신에게 필요한 것은 철저한 준비이며 적절한 가이드라인이다. 그것을 배워서 잘 활용하면 된다. 또한 스피치를 시작하기 전에 반드시 알아야 할 점은 대중 스피치는 청중을 위한 것이 아니라 바로 당신 자신을 위한 거라는 점이다. 스피치는 문화이며 소통과 창조의 원동력이다. 당신도 상대의 마음을 움직이는 스피치의 달인이 될 수 있다.

한국언어문화원장 **김양호** 지음

성공하는 사람은 {스피치가} 다르다

비전코리아

머리말

스피치는 소통과 창조의 원동력이다

동서고금을 막론하고 성공한 사람들 대부분은 스피치가 남다르게 뛰어났다. 보통 사람들의 작은 성공에서 위인들에 대성공에 이르기까지, 그들은 뛰어난 스피치로 사람들과 소통하고, 대중의 마음을 사로잡아 자기 뜻대로 움직여서 성공의 반열에 오르지 않았던가. 이 책에는 그들의 스피치, 즉 연설이나 강연 등의 대중 스피치 기술을 알기 쉽게 집약했다.

현대인은 특히 스피치를 잘해야 성공한다. 아무리 인물이 잘나고, 가문과 배경이 좋고, 실력이 출중해도, 사람들에게 환영받지 못하는 독불장군은 결코 성공하지 못하는 협력의 시대에 살고 있기 때문이다.

우리 주위를 한번 살펴보자. 시장에서 여유 있게 장사하는 상인들, 공직에서 지속해서 승진하는 관료들, 모험적인 경영으로 대성한 벤처인들, 각계각층에 친구가 많은 인맥자들, 그들의 공통적인 특징은 바로 사람 좋고, 스피치가 좋은 사람이다.

그들은 사람들 만나기를 좋아하며, 그들의 말은 한마디 한마디가 듣는 이에게 의욕을 북돋아 주고 쾌감을 주는 매력이 있다. 그래서 사람마다 그들의 말을 듣고 싶어 하며, 그들이 입만 벌리면 여론화되고, 그 평판

이 호운(好運)이 되어 되돌아온다.

그렇다면 성공의 원동력인 스피치 능력은 선천적인가 후천적인가? 선천적이라면 스피치 학습은 필요 없지 않은가? 그러나 다행스럽게도 스피치는 후천적인 학습의 산물이다. 스피치의 명수 중에는 내성적인 성격의 소유자로 사람들 앞에 나서기를 꺼리거나 심지어는 말더듬이란 언어장애로 대인관계에서 무시를 당하고 달팽이처럼 웅크렸던 이들이 적지 않다.

역사적으로 잘 알려진 인물 가운데 아테네의 웅변가 데모스테네스, 미국의 웅변가 다니엘 웹스터, 영국의 총리 윈스턴 처칠, 미국의 대통령 케네디, 전설적인 경영자 아이어코카에 이르기까지, 실로 많은 성공자가 한때는 형편없는 스피치 때문에 고민하다가, 심기일전하여 스피치를 학습하고 명 스피커가 된 인물들이다.

스피치는 과학이고 기술이다. 과학은 일정한 법칙이 있고, 기술은 일정 기간의 숙달이 필요하다. 따라서 누구나 배우고 익히면 잘할 수 있는 것이 스피치다.

나는 1971년부터 지금까지 줄기차게 스피치 교육을 해오고 있다. 하던 짓도 멍석 깔아놓으면 못한다고, 평소에는 몰랐는데 대중 앞에만 서면 뜻대로 되지를 않아 고민스럽다는 사람들이 찾아왔다. 그들은 아는 것도 많고, 하고 싶은 말도 많은데, 할 말을 못 하고 쩔쩔매다가 창피를 당하기 일쑤였단다. 그런 사람들이 스피치 교육을 받고 나면 언제 그랬더냐 싶게 당당하게 스피치하는 연사로 변신한다. 언론의 부자유에서 참다운 언론의 자유를 찾게 된 것이다.

그런 보람으로 나는 40여 년 동안 지치지 않고 스피치 교육에 열정을 쏟고 있으며, 시간적·공간적 제약으로 교육에 직접 참가하지 못하는 이들을 위하여, 열심히 책을 저술하여 출판하고 있다. 이번에 쓴 이 책은 앞서 출판한 《성공하는 사람은 화술이 다르다》의 자매편이다. 차이점이 있다면 전자가 화술의 종합편인데 비하여, 후자는 대중연설 쪽으로 비중을 둔 것이다.

선진국과 후진국의 차이는 무엇이라고 생각하는가? 경제적 군사적인 차이는 물론이지만, 대표적인 것은 지도자의 연설이 아닌가. 마찬가지로 사업가의 스피치 역시 차이가 난다. 소통과 문화의 시대, 대중연설은 문화의 일부이며, 소통과 창조의 원동력이다. 배우고 익혀서 멋진 스피치로 성공자의 대열에서 기쁨을 만끽하지 않겠는가. 모쪼록 이 책이 독자들의 스피치 능력 개발에 보탬이 되기를 바라마지 않는다.

김양호

CONTENTS

머리말

스피치는 소통과 창조의 원동력이다 5

Chapter 1
당신도 스피치의 달인이 될 수 있다

01 ♣ 스피치는 나이와 상관없다 15

02 ♣ 배우면 누구나 잘할 수 있다 22

03 ♣ 스피치 학습을 방해하는 오류들 27

04 ♣ 즉흥연설도 잘할 수 있다 32

05 ♣ 스피치는 이렇게 시작하라 37

06 ♣ 효과적인 스피치 계획 7단계 전략 43

07 ♣ 가슴에 와 닿는 스토리텔링 48

08 ♣ 말 맛을 살려주는 작지만 큰 차이 기술 53

09 ♣ 스피치 보험을 들었는가? 59

10 ♣ 스피치는 적극성을 요구한다 64

11 ♣ 스피치에도 윤리가 있다 69

12 ♣ 스피치는 짧아야 빛난다 74

A successful man has another speech

13 ♣ 원고는 어떻게 사용해야 할까? 80

14 ♣ 인기 있는 강연엔 유머가 있다 86

15 ♣ 왜 유머를 사용하는가? 91

16 ♣ 유머 사용의 포인트와 시간대 96

17 ♣ 스피치의 마무리는 이렇게 하라 101

Chapter 2
명사들은 유능한 스피커다

01 ♣ 혁신적 이론가 링컨의 스피치 111

02 ♣ 폭력에 희망으로 맞선 루터 킹 스피치 116

03 ♣ 지도자의 교본 페리클레스의 스피치 121

04 ♣ 정상을 향한 열정이 담긴 지글러의 스피치 126

05 ♣ 민족 계몽을 외친 안창호의 스피치 131

06 ♣ 전설적인 노상연설가 여운형의 스피치 136

07 ♣ 약자의 대변자 함석헌의 스피치 141

08 ♣ 국제적 영향력을 갖춘 이승만의 스피치 146

09 ♣ 잔잔하지만 확신 있는 신익희의 스피치 151

10 ♣ 유머의 힘을 알았던 레이건의 스피치 156

11 ♣ 단점을 이겨낸 연습벌레 케네디의 스피치 161

12 ♣ 대중연설의 천재 히틀러의 스피치 166

13 ♣ 논리적이고 단호한 대처의 스피치 171

14 ♣ 비전과 자존심을 강조한 드골의 스피치 176

15 ♣ 동기부여가 확실한 나폴레옹의 스피치 181

16 ♣ 진솔하고 직설적인 잡스의 스피치 186

17 ♣ 브루투스의 이성 스피치, 안토니우스의 감성 스피치 191

Chapter 3
품격 있는 스피치 이렇게 하라

01 ♣ 스피치의 성패는 사전준비다 199

02 ♣ 인상적인 프롤로그와 에필로그 204

03 ♣ 연사 소개는 스피치의 첫인상이다 209

04 ♣ 구성을 기억하고 말하라 214

05 ♣ 당장 사용해도 좋은 예화 219

06 ♣ 청중을 감동하게 하는 하이테크닉 7가지 224

A successful man has another speech

07 ♣ 목소리는 명 스피커의 전제조건 230

08 ♣ 자세와 몸짓도 언어이다 235

09 ♣ 설명력은 키우면 경쟁력이 된다 240

10 ♣ 유능한 리더는 토론의 명수다 245

11 ♣ 마음속에 시계를 두어라 250

12 ♣ 긴장감, 피하지 말고 즐겨라 255

13 ♣ 연단 공포와 응급 처치법 260

14 ♣ 이것만 조심하면 창피는 면한다 265

15 ♣ 모임 스피치의 가이드라인 271

16 ♣ 조례 스피치엔 공동의 목적을 담아라 276

17 ♣ 탁월한 임기응변의 달인 3인방 281

18 ♣ 청중이 느껴야 진짜다 286

Chapter 1

당신도 스피치의 달인이 될 수 있다

01 스피치는 나이와 상관없다

늘 푸른 청춘을 구가하는 '왕언니'

2차 세계대전의 영웅 더글러스 맥아더 장군이 가장 좋아했다는 시, 요즘도 많은 일본인들이 널리 애송한다는 시가 있다. 그리고 국내에서는 특히 나이 든 분들이 좋아하는 시가 있다. 독일 출신의 시인 사무엘 울만(Samuel Ullman)이 78세에 쓴 〈청춘〉이란 시다.

청춘이란 인생의 어떤 시기가 아니라, 마음가짐이다.
장밋빛 볼, 붉은 입술, 유연한 신체가 아니라
강인한 의지, 풍부한 상상력, 불타오르는 열정을 말한다.
청춘이란 인생의 깊은 샘에서 솟아나는 신성한 정신이다.
청춘이란 두려움을 물리치는 용기

안이함을 선호하는 마음을 뿌리치는 모험심을 뜻한다.
때로는 스무 살 청년보다 예순 살 노인이 더 청춘일 수 있다
(…)
머리를 높이 쳐들고 희망의 물결을 붙잡는 한,
여든이라도 인간은 청춘으로 남는다.

나는 '청춘'이란 시를 음송할 때마다 이 시의 주인공과 같은 '왕언니'를 떠올리곤 한다.

센추리21 컨트리클럽의 총괄이사인 이영남 여사가 바로 그분이다. 그녀는 육십 대 후반이라는 나이가 믿기지 않을 정도로 건강하고 아름답다. 왜 그럴까. 그녀에겐 매사에 적극적으로 도전하는 늘 푸른 청춘의 정신이 살아 있기 때문이다.

내가 그녀를 처음 만난 것은 지난 2012년 '파워스피치 최고경영자과정'에서다. 최고경영자과정이었던 만큼 수강자의 연령은 사오십대가 대부분이었다. 스피치에 자신이 없어 화술을 배우려고 온 경영자들이었으므로 강의 초반에는 수업 태도가 수동적이었다. 게다가 바쁜 업무 일정 탓인지 결석하는 분도 적지 않았다. 그러나 그녀는 젊지 않은 나이인데도 수업 첫 날부터 적극적이었으며, 최고경영자과정 프로그램이 끝날 때까지 결석 한번 하지 않고 열심히 참여했다. 더욱이 사람들 앞에 나서서 실습할 때에는 재미있다는 듯 즐기는 태도로 열정적인 스피치를 선보였다.

"모든 훌륭한 연설가들도 처음에는 형편없는 연설가였다"는 랠프

월도 에머슨의 말처럼 그녀도 처음에는 제멋대로 마구잡이 방식의 스피치를 했다. 하지만 그녀의 열정 덕분이었을까. 수강 시간이 늘수록 그녀의 스피치 능력 또한 일취월장하여 틀이 잡히고 격이 생기기 시작했다. 마침내 그녀는 프로그램을 수료하기 전에 동료들끼리 실력을 겨룬 스피치 콘테스트에서 당당히 대상(大賞)을 받았다.

그녀는 그것으로 만족하지 않았다. 최고경영자과정을 우수한 성적으로 수료했음에도 자신이 아직은 설익은 수박 같다고 느껴졌는지 같은 과정을 재수강하면서까지 그녀는 완전히 몸에 배도록 스피치 기술을 익혔다. 뿐만 아니라 "쇠는 단김에 벼려야 한다"는 말처럼 연이어 강사 양성 코스인 '명강사프로모션' 과정까지 마쳤다.

더욱 놀라운 일은 자신의 실력을 객관적으로 평가받겠다며 내로라하는 젊은 프로들이 자웅을 겨루는 전국웅변대회에 도전장을 내밀었다는 것이다. 그것은 한마디로 자신감의 발로이다. 모든 자신감은 실력에서 나오지 않던가. 하지만 아무리 실력이 있다 해도 전국웅변대회에 도전하는 일은 대단한 용기가 뒤따른다.

그렇다면 그런 용기는 대체 어디서 나오는 것일까? 그것은 사무엘 울만이 말한 '강인한 의지, 풍부한 상상력, 불타오르는 열정'의 마음가짐, 바로 청춘의 정신에서 나온다. 그때 그녀의 나이가 몇이던가. 그녀는 육십 대 후반, 그것도 꽉 찬 예순아홉 살이었다. 그 나이에 전국대회에 출전한다면 그녀는 최고령자로 기록될 터였다. 누구든 노년을 맞이하게 된다. 그녀 또한 노년을 맞았지만 그녀에겐 '두려움을 물리치는 용기, 안이함을 선호하는 마음을 뿌리치는 모험심'이 있기에 사무엘 울만 시의 주인공처럼 그녀야말로 늘 푸른 청춘이 아닌가.

세인을 놀라게 한 69세의 승리

'늦었다고 생각한 때가 가장 빠른 때'라는 말이 있다. 배움에 이르고 늦은 때가 따로 있던가. 그러니 노력해서 안 되는 일 또한 여간해서는 없을 것이다. 그런데 시도해보지도 않고 안 될 거라고 체념하거나 도전하는 용기가 없어 배울 엄두조차 내지 못하는 사람들이 우리 주위에는 얼마나 많은가.

그런가 하면 불가능할 거라는 통념을 깨고 무모할 것 같은 일에 도전하여 승리의 월계관을 쓰는 주인공들이 있다. 이렇듯 세인들을 놀라게 하는 위대한 보통사람들이 있어 세상은 흥미롭다.

2012년 5월 20일, 서울 광명사에서는 대한불교웅변인협회가 주최하고 대한불교조계종이 후원한 전국웅변대회가 열렸다. 이 대회는 1970년 제1회 대회가 개최된 이래 지금까지 42회째 한 번도 거르지 않고 지속적으로 개최돼온 우리나라에서 가장 오래된 웅변대회이기도 하다. 당시 대회에 출전한 연사는 초등부 · 중고등부 · 대학일반부로 나뉘어 총 30명이었으며, 전국에서 선발된 실력 있는 연사들이 열띤 경연을 펼쳤다. 그 자리에는 예순아홉 살의 할머니도 있었다. 그녀는 〈달래처녀의 교훈〉이란 연제로 열변을 토했다. 그 당시 참석자들을 놀라게 한 것은 그녀가 젊은이들과 함께 당당히 겨뤄 노익장을 과시한 사실에만 있지 않다. 그녀가 영광의 대상을 차지함으로써 젊은 프로들로 하여금 노인에게 경의를 표하게 만들었다는 점이다. 이 사건은 지금도 웅변계의 화젯거리로 회자되고 있다.

그도 그럴 것이 내로라하는 프로급 연사가 몇십 년을 도전해도 받기 어려운 대상을 전국웅변대회에 처음 도전한 할머니가 받았으니 말이다. 그녀는 생전 처음으로 스피치를 배운 후 단지 자기 실력을 테스트하기 위해 도전하지 않았던가. 그녀로 인해 웅변계에는 또 하나의 신화가 탄생한 셈이다.

그 신화의 주인공이 된 이영남 연사는 그때 일로 '늘 푸른 청춘을 구가하는 왕언니'로 불렸다. 그리고 그 이후에도 그녀는 강원도 대표로 출전하여 국회의장상과 우승기를 획득하는 기염을 토했다.

스피치에 강해지는 3가지 방법

상품을 선전하는 간단한 스피치에서부터 중요한 회의 프레젠테이션, 그리고 대통령 후보의 선거연설에 이르기까지 스피치는 우리 사회에서 매우 중요한 부분을 차지할 뿐만 아니라 상황에 따라서는 긴요한 역할을 하기도 한다.

현대사회에서 스피치는 단순한 커뮤니케이션의 수단 이상이다. 그것은 더 나은 변화를 향한 생활의 길잡이가 될 뿐만 아니라 리더십의 원동력이자 삶에 동기부여를 해주는 강력한 도구로도 작용한다.

왕언니가 그토록 열심히 스피치를 배운 목적도 처음에는 단순한 의도에서 출발했다. 기왕에 스피치를 배우기로 한 이상 우선은 청중을 사로잡는 멋진 스피치를 하고 싶어서였다고 한다. 또한 비즈니스에서 다반사로 행해지는 것이 스피치인데 그동안은 스피치 기술을 몰라서 땜질하여 넘기는 식으로 대화를 전개하다 보니 비즈니스 대화가 끝난 후에는 늘 뒷맛이 개운치 않았다는 것이다.

그런데 스피치 방법을 알고 나서부터는 사람 대하는 일에 자신감이 붙고, 자신의 스피치를 들은 청중이 긍정의 반응을 보일 때에는 행복 에너지도 충전됨에 따라 매사에 의욕도 넘치게 되었다는 것이다.

그렇다면 이처럼 커뮤니케이션 이상의 역할을 하는 스피치를 잘하려면 어떻게 하는 것이 좋을까? 누구든 스피치 기술을 익히기 전에 다음 3가지의 기본에 철저해야 한다. 스피치 분야에서도 기본기를 탄탄하게 갖추면 기교는 저절로 얻어지게 마련이다.

1. 탄력성 있는 보이스 파워를 키워라

훌륭한 가수의 전제조건이 가창력이라면 훌륭한 연사의 전제조건은 보이스 파워다. 충분히 감동받을 수 있는 풍부한 음량, 연사의 외모에 걸맞은 음폭, 속되지 않은 청아한 음질, 듣기에 호감이 가는 세련된 음색이 청중을 사로잡는다.

보이스 파워는 발성연습으로 좋게 만들 수 있다. 탄력성 있는 목소리는 연사에게 자신감을 높여 주며 청중에게는 믿음을 갖게 하는 에너지다.

2. 청중이 들을 만한 내용을 갖춰라

스피치를 하거나 듣는 이유는 내용을 잘 전달하거나 쉽고 편하게 알아듣기 위해서다. 단지 말을 한다고 해서 다 스피치가 되는 것은 아니다. 일상에서 실제로 이루어지고 있는 스피치의 대부분이 쓸데없는 말잔치인 경우도 많다.

상대방의 마음에 공감을 줄 수 있는 말, 흥미를 유발하거나 재미있게 말을 이끌어가는 구성력, 게다가 상대방에게 변화를 일으켜 행동하게 만드는 말이 가치 있는 스피치의 내용이 된다.

드라마가 성공하기 위한 전제조건이 좋은 시나리오이듯이 스피치가 성공하려면 뭐니 뭐니 해도 말의 내용이 좋아야 한다.

3. 사전 준비로 철저하게 연습하라

모든 것이 다 그렇지만 특히 스피치는 사전준비 없이는 잘되지 않는다. '임기응변'이나 '즉흥 스피치'라는 방법이 있지만 그것은 어디까지나 임시방편일 뿐이다. 제대로 된 스피치는 치밀한 사전준비와 연습으로 숙달될 때 나온다.

아마추어와 프로의 실력 차이는 대개 연습량에서 차이가 난다. 아마추어는 스피치 연습을 한두 번으로 만족하고 사람들 앞에 나서지만 프로는 연습에 연습을 거듭하여 숙달된 다음에야 사람들 앞에 선다. 철저한 연습은 소질을 능가한다는 사실을 명심해야 한다.

02 배우면 누구나 잘할 수 있다

38년 만에 이뤄진 강원도의 영광

'아직도 웅변인가?' 하고 반문하는 사람들도 있지만 웅변은 여전히 대중을 사로잡는 위력을 발휘한다. 미국 대통령 버락 오바마, 흑인 인권운동가 마틴 루터 킹, 1960년 미국 대통령선거전에서 '뉴프런티어'를 내세워 당선된 존 F. 케네디, 2차 세계대전의 주역인 영국의 윈스턴 처칠이 그러했다. 또한 유럽을 제패했던 나폴레옹이 그랬던 것처럼 웅변의 강자가 사람들의 추앙을 받고 세상을 지배했던 사실은 역사가 증명하고 있지 않은가.

1929년 11월 3일은 어린 학생들이 일제에 항거하고 독립을 주장한 광주학생항일운동이 일어난 날이다. 지금도 전국웅변협회는 그날의 항일정신을 기리고 조국의 번영과 평화통일을 염원하기 위해 전국

웅변대회를 매년 개최하고 있다. 2012년에는 11월 3일 광주 동구문화센터에서 대회가 거행되었다.

그날 웅변대회에는 전국 각 지역에서 예선을 거쳐 올라온 대표 연사 30명이 참여해 열띤 경쟁을 펼쳤다.

이 대회는 1966년 11월 3일 대통령기를 하사받은 것을 계기로 제1회 대통령기쟁탈 전국웅변대회로 출발했다. 지금까지 38회가 치러졌으며 2012년 대회의 수상자는 강원도 대표 김진옥(46세) 씨가 전체 대상으로 대통령기와 국회의장상을, 서울시 대표 한정수(68세) 씨가 행정안전부장관상을, 인천시 대표 김윤임(53세) 씨가 환경부장관상을 각각 수상했다.

특히 이 대회 역사상 38년 만에 처음으로 대통령기가 강원도 대표에게 돌아가 화제가 되었는데 수상의 주인공은 평창군 진부면사무소에서 일하는 공무원이었다. 그는 뜻한 바 있어서 평창에 새로 개교한 언어문화국제학교에서 스피치를 배웠다고 했다. 그리고 자신의 실력을 평가받고 싶어 처녀 출전했는데, "뜻밖에도 대상을 받게 되어 가문의 영광이며 게다가 강원도를 빛내게 되어 더욱 기쁘다"고 수상소감을 말했다.

나는 지난 대회를 통해서도 스피치는 누구나 배우고 익히면 곧잘 할 수 있다는 것을 새삼 알게 되었다. 앞으로 웅변대회에 도전할 사람들을 위해 대상을 받은 김진옥 씨의 웅변 원고를 여기 소개한다.

대상 웅변 원고
〈두만강은 알고 있다〉

"두만강 푸른 물에 노 젓는 뱃사공, 흘러간 그 옛날에 내 님을 싣고, 떠나간 그대는 어디로 갔소. 그리운 내 님이여 그리운 내 님이여, 언제나 오려나……."

여러분은 김정구 선생이 부른 〈눈물 젖은 두만강〉이란 노래를 아시겠지요. 그러나 이시우 작곡, 김용호 작사의 이 노래가 탄생한 사연을 아시는 분은 많지 않을 것입니다.

때는 1930년 중반 일제 강점기, 음악 청년 이시우는 만주 순회 공연 전날 밤, 두만강변 도문의 여관방에서 밤새워 구슬피우는 여인의 오열에 잠을 이룰 수가 없었습니다. 이튿날 사연을 알아보니 독립군 남편을 찾아 만주 벌판을 헤매다가 전사했음을 알고, 식음을 전폐하고 그렇게 울고만 있다는 것이었습니다. 이 사연을 듣자 섬광처럼 악상이 떠올라 지은 노래가 〈눈물 젖은 두만강〉이랍니다. 나라 잃은 서러움을 두만강 물줄기에 비유한 것으로, 당시 김정구가 불러 민족의 설움을 달랬으며 불후의 명곡이 되었습니다.

〈눈물 젖은 두만강〉의 노래를 부른 김정구 선생도, 작곡 작사를 한 선생님들도 다 돌아가셨지만 두만강은 여전히 말없이 유유히 흐르고 있습니다.

그런데 이방인들에게는 아름답기만 한 이 두만강에 야시장이 선다는 사실을 아십니까? 그것도 사람의 상식으로는 도저히 사고팔 수 없는 물건이 밤을 틈타 건너온다고 합니다. 바로 북한의 여자들입니다. '북한 여성을 판다'는 인신매매 브로커는 여성을 넘겨주고 중국 돈 5천 원을 받아갑니다. 한국 돈으로 약 90만 원입니다. 스물다섯 살의 꽃다운 여자는 자기 가정이 빚진 식량의 반을 갚는 조건으로 왔다는데, 그 가격은 중국 돈 350원, 우리나라 돈으로 6만 3천 원이라니, 이 얼마나 딱한 현실입니까?

북한 탈북자들은 한결같이 "북한에서는 하루하루 연명하기도 힘들었다", "하루에도 몇백 명씩 굶어 죽어간다"고 증언하는 생지옥인데도 북한의 김정은은 주민들이야 굶어 죽든 말든 자기들의 무력을 과시하기 위해 핵실험을 자행하고 있으니, 이 어찌 천인공노할 사실이 아니겠느냐고, 북한의 위정자들은 마땅히 민족의 반역자로 심판을 받아야 한다고, 강력하게 주장합니다.

평화통일을 원하는 여러분!

국내 핵전문가의 말에 의하면 북한이 현재까지 핵무기 개발에 투자한 돈은 68억 8천만 달러, 우리나라 돈으로 약 7조 4천억 원에 이른다고 합니다. 이 돈이면 현재 배급량을 기준으로 북한 주민의 8년 치 배급량에 해당합니다. 주민들이 먹을 것이 없어 굶어 죽어가고, 견디다 못한 처녀들이 중국으로 헐값에 팔려 가는데도 북한의 위정자들은 아랑곳하지 않고 전쟁준비에만 혈안이 되어 있다는 것도 문제지만 더 큰 원초적인 문제가 있습니다.

북한의 핵 개발비가 7조 4천억 원이라면 경제가 파탄이 나서 주민들이 헐벗고 굶주리는데 그 많은 개발비는 어디서 났을까요? 한동안 우리는 민족동질성을 내세우며 북한도 같은 동포이기 때문에 잘사는 우리나라가 도와야 된다고 하면서 '햇볕정책'이니 '동포애'니 하고 우리가 북한에 갖다 준 돈이 8조 원이나 됩니다. 그렇다면 내 것 주고 뺨 맞는다고, 북한은 우리가 준 돈으로 핵무기를 개발하여 우리를 협박하고 있으니, 이 얼마나 아이러니한 일입니까. 이래도 북한의 요구를 계속 들어주어야 하겠느냐고, 현명하신 여러분에게 묻고 싶습니다.

여러분! 우리의 소원인 조국통일, 민족의 화합은 반드시 이루어져야 합니다. 그러나 통일은 해야 되지만 무력통일이 아닌 평화통일을 해야 합니다. 그러기 위해서는 북한의 위협에 겁내지 말고 유비무한의 자세로 우리의 힘을 더욱 강하게 만들어야 합니다.

반만년 유구한 역사와 함께 민족의 애환을 품고 유유히 흐르는 두만강처럼 조급해하지도 말고 담대하게 대처해나갑시다.

03 스피치 학습을 방해하는 오류들

스피치는 학습이고 훈련이다

일생일업(一生一業)은 자신이 선택한 직업에 삶의 가치와 보람을 느낀 사람만이 할 수 있는 것이다.

내가 한국언어문화원을 설립하고 일생일업으로 스피치 교육을 한 지도 어느덧 40여 년이 흘렀다. 그동안 참으로 많은 사람이 이곳을 거쳐 갔다.

그중에는 초등학생이던 어린이가 자라서 대기업의 총수가 된 사람도 있고, 국회의원에 출마하기 위해 스피치를 배우러 왔다가 당선이 되고 장관까지 된 사람, 평생 부회장밖에 못하다가 대조직의 회장이 된 사람, 초라한 개척교회로 출발했으나 큰 교회의 유명한 목사가 된 사람, 내성적인 성격을 고치러 왔다가 큰 사찰의 포교단장이 된 사람, 총장에 입후보하고 급하게 왔다가 명문대학의 총장이 된 사람, 평범한 가정주부였는데 지금은 명강사로 이름을 떨치고 있는 사람 등등, 그 수는 헤아릴 수 없을 정도로 많다.

그런데 이들에게는 두 가지 공통점이 있다. 하나는 스피치를 배우려고 온 동기가 무엇이었든지 간에 스피치를 배우고 나서 인생에 자신감을 얻고, 자신의 꿈을 실현시키는 데에 스피치가 크게 작용했다는 사실이다. 또 하나는 스피치의 요령과 실제를 '배우고 익혀서' 잘하게 되었는데도 정작 배워서 잘하게 되었다는 사실을 감추는 사람도 많다는 것이다. 이것은 성형수술로 아름다운 얼굴이 되었는데도 성형수술 사실을 감추려는 것과 같은 심리일 것이다.

그건 그렇다 치고 성공적 인생의 원동력인 스피치 능력은 선천적일까 후천적일까? 정답은 후천적이다. 스피치 커뮤니케이션의 방법과 기술은 누구나 학습할 수 있다. 학습이란 배우고 익히는 것이다. 그럼에도 불구하고 많은 사람이 그릇된 지식과 속설에 얽매어 스피치를 학습하지 않는 데에 오히려 문제가 있다. 스피치 능력 배양을 방해하는 몇 가지 오류를 살펴보자.

스피치 학습을 방해하는 6가지 생각들

스피치 능력은 천부적인 소질이다

우리 주위에는 선천적으로 타고난 사람처럼 남들이 부러워할 정도로 말을 잘하는 사람이 있다. 그러나 그런 사람도 알고 보면 남보다 먼저 스피치 기술을 배우고 익힌 사람이다. 소질 있는 사람이란 그냥 잘하는 능력자가 아니라 어떤 분야에 관련된 기술을 빨리 배우는 사람이다.

모든 것이 그렇지만 스피치도 배우지 않고서는 결코 잘할 수 있는 분야가 아니다. 자동차 운전이나 스케이트처럼 스피치도 배우려는 의욕을 갖고 올바른 지도를 받을 때 잘할 수 있는 것이다.

스피치 기술은 금방 익힐 수 있다

올림픽에 출전한 피겨스케이팅 선수들의 멋진 연기를 보면 우리는 감탄하게 된다. 어쩌면 저렇게 어려운 동작을 쉽게 할까 하는 놀라움 때문이다. 하지만 그들의 그런 동작은 하루에도 몇 시간씩 수년 이상 연습한 결과이다.

스피치도 마찬가지다. 자신의 의사를 자유자재로 구사하는 훌륭한 스피커가 하루아침에 만들어졌겠는가. 그런데도 많은 사람이 금방 익힐 수 있겠다 싶어 쉽게 시작했다가 뜻대로 되지 않으면 바로 스피치 학습을 포기해버린다. 누구나 기본은 금방 배울 수 있지만 명 스피커가 되기까지는 오랜 훈련이 필요하다. 대기만성이라고 하지 않던가.

스피치는 배울수록 더 어려워진다

어떤 기술도 단번에 쉽게 배울 수 없듯이 스피치 기술도 결코 쉽게 간단히 배울 수 있는 것은 아니다. 그러나 기본을 잘 익혀두면 점점 재미있어지는 것이 스피치다.

처음에 간단한 인사말조차 횡설수설하던 사람도 어느 정도만 배우면 훨씬 쉽게 느껴진다. 워드 프로그램을 배울 때 처음에는 얼마나 서툰가? 그러나 일단 익히고 나면 자판을 보지 않고서도 타이핑할 수 있지 않던가?

외국어 학습에 비하면 우리말 스피치는 너무도 쉽다. 외국어는 발음이나 낱말, 문법 그리고 그 나라의 문화까지 하나하나 새로 배워야 하지만 모국어 스피치는 방법만 익히고 숙달시키면 된다.

스피치는 연기하듯이 해야 한다

많은 사람이 스피치에 접근할 때 연기와 유사한 것처럼 생각한다. 그래서 배우들의 연기를 흉내 내는 사람도 있다. 스피치와 연기는 유사점도 있지만 분명히 다르다.

스피커는 자신을 드러내 보이는 반면에 연기자는 자기 자신이 아닌 새로운 배역의 인물상을 표현하는 것이다. 스피커는 자신이 메시지를 창조하지만 연기자는 남의 대사를 외운다. 스피커는 임의적으로 하는데 반해 연기자는 모든 말과 동작, 제스처를 인위적으로 계획한다. 스피커는 자기의 메시지를 전달하는 데에 인위적으로 얽매일 필요가 없다.

스피치는 내용이 우선이다

스피치가 서툰 사람들은 자신을 합리화하기 위해 내용만을 운운한다. 마치 여우가 포도를 따먹으려다가 키가 닿지 않자 "저 포도는 실 거야" 했다는 것과 같다.

커뮤니케이션에 있어서 내용은 아주 중요하다. 내용이 없는 형식은 껍데기에 지나지 않는다. 좋은 음식도 볼품없는 그릇에 아무렇게나 퍼 담으면 먹을 맛이 안 나는 법이다.

훌륭한 스피치는 내용과 함께 형식도 세련되게 갖출 때 완성된다. 보기 좋은 떡이 먹기도 좋듯 세련된 스피치가 청중의 마음을 사로잡는다.

스피치는 원고를 잘 써야만 한다

어떤 사람들은 스피치할 원고를 쓸 줄 몰라서 스피치를 못한다고 한다. 문학적 소질이 없는 것을 걱정하는 것 같다. 스피치는 글로 쓰는 글말이 아니라 입으로 하는 입말이다.

연설문은 말로 할 것을 미리 글로 정리한 것이거나 말한 것을 나중에 글로 옮긴 것이다. 문장력이 있으면 좋겠지만 문장력이 없어도 스피치하는 데에 큰 지장은 없다.

문맹자도 말은 잘하지 않는가? 말을 조리 있게 하는 방법을 배우면 된다. 스피치는 학습이고 훈련이다.

04 즉흥연설도 잘할 수 있다

뜻하지 않았던 축사에 얽힌 사건

현대사회에서 즉흥연설은 보편적인 스피치 형식이다. 일상생활에서 의외로 즉흥적으로 스피치해야 할 경우가 참 많기 때문이다.

즉흥연설은 사전에 아무런 준비가 되어 있지 않은 연사가 눈앞에서 마주한 장면이나 사건에 대해 즉석에서 주어진 주제로 말해야 하는 것이다. 그래서 많은 사람이 부담스러워하고 어렵다고 생각한다.

즉흥연설이 어렵다고 여기는 이유는 두 가지다. 하나는 심리적인 준비와 재료의 준비가 되어 있지 않아 스피치 주제에 진입하기 어려운 점이고, 다른 하나는 순간적으로 논리를 정리해야 하는 어려움이다. 이 두 가지 난점만 극복하면 전혀 어렵지 않다.

언젠가 다니엘 골먼의 세계적인 베스트셀러 《EQ-감성지능》을 우리말로 옮긴 한국조직발전연구소 황태호 소장의 출판기념회에 참석했을 때다. 그 자리에는 한국산업교육연합회의 내로라하는 유명 강사들이 대거 참석했다. 관례상으로는 회장인 나에게 축사 청탁이 있을 법한데 행사 직전까지도 아무런 연락이 없었다.

나는 "다른 사람이 축사를 하는 모양이구나" 하고 부담 없이 행사장으로 갔다. 하지만 혹시라도 내게 "예고 없이 축사를 해달라는 요청이 오면 어쩌지" 하는 생각이 행사 전에 퍼뜩 들어 머릿속으로는 축사의 윤곽을 그려 두었다. 그런데 아니나 다를까 사회자가 느닷없이 "한국산업교육연합회 회장이신 김양호 박사님께서 축사를 해주시겠습니다" 하는 것이 아닌가. 다행히 머릿속으로나마 준비한 내용을 갖고 있었기에 당황하지 않고 조리 있게 축사를 할 수 있었다. 그 덕분인지 "역시 스피치 전문가라서 다르군" 하는 찬사와 함께 박수갈채도 받았다.

문제는 그 다음에 불려나온 연사였다. 사회자가 "다음은 황태호 소장의 은사이신 연세대학교 K교수님께서 축사를 해주시겠습니다" 하고 호명하지 않는가. 그 순간 맥 놓고 앉아 있던 K교수는 무척 당황해 했다. 그는 "사전에 예고도 없이 갑자기 시키면 어떻게 해!" 하고 투덜거리며 연단에 섰다. 심리적 준비도 안 되어 있었고 스피치 재료도 준비되지 않았기에 그는 횡설수설할 수밖에 없었다. 결국 그는 명성에 걸맞지 않은 스피치로 망신만 당했다.

이 사건은 두 가지 교훈을 남겼다. 하나는 스피치 청탁은 반드시 준비할 수 있도록 미리 청탁하는 게 예의라는 것과 또 하나는 모임에 참석하면 으레 스피치할 차례가 자신에게 돌아올 수도 있으므로 사전에 대체적인 줄거리라도 준비하라는 것이다.

즉흥연설을 잘하기 위해서는 다음의 3가지를 갖춰야 한다.

첫째 심리적으로 담대해야 한다

즉흥연설은 준비되지 않은 상태에서 하는 연설이므로 연사에게 심리적인 압박을 가하기 때문이다.

둘째 임기응변의 능력이 있어야 한다

충분한 소재와 자료가 부족한 상태에서 해야 하는 즉흥연설은 현장의 정보를 신속히 주제에 응용하는 일이기 때문이다.

셋째 평소에 지식을 풍부히 쌓아 둬야 한다

즉흥연설은 머리에 저축한 정보를 꺼내 사용하는 기지를 발휘해야 하기 때문이다.

즉흥연설의 실용적인 3가지 방법

즉흥연설도 연설이므로 연설 형식의 원칙을 지켜야 한다. 다만 즉흥연설의 특수성 때문에 사용할 수 있는 폭이 좁고 선택에 한계가 있다. 즉흥연설은 사용 면에서 보편적이지만 난이도가 크기 때문에 어떻게 사용해야 효과적인가에 대해서는 많은 연구가 있었다.

그중에서 가장 많이 쓰이는 방법을 소개한다.

1. 마술공식법

1930년대 데일 카네기는 미국 스피치계에서 가장 권위 있는 연설가들을 모아 즉흥연설에 관한 학술세미나를 열었다. 세미나가 끝난 후 카네기는 이 방법을 채택했다. 이 방법은 간단하고 사용할 때 효과가 있어서 연사들이 많이 사용하기 시작했다. 그래서 '마술공식'법이라고 불렸다.

'마술공식'법은 즉흥연설을 세 단계로 나눈다.

1단계는 구체적인 실례를 하나 드는 것이다. 실례를 들면 청중을 쉽게 흡인할 수 있으며 연사는 가벼운 마음으로 얘기를 하면서 자신의 사고를 정리할 수 있다.

2단계는 앞에 든 실례에서 자신의 관점을 청중에게 말하는 것이다. 실례 자체가 그 관점을 실증하게 만든다.

3단계는 이렇게 하면 어떤 점이 좋은지를 설명하는 것이다. 이 단계는 전체를 생동적이고 두드러지게 하며 청중의 마음을 움직이게 한다.

2. 과거 → 현재 → 미래법

이 방법은 학자들이 많이 사용하는 방법이다. 과거 → 현재 → 미래법은 선명한 논리 대비가 가능한 방법이다. 과거의 일은 기억이므로 연사가 쉽게 서술할 수 있다. 그리고 현재와 과거는 비교하는 것이므로 앞의 말을 잇고 현재의 화제를 말하면 된다.

만약 당신이 연초나 연말 모임에서 즉흥연설을 하게 된다면 과거에 자신은 무엇이 부족했고, 지금에 와서는 어떻게 발전했으며, 앞으로는 어떻게 할 예정이라고 쉽게 말을 조직할 수 있을 것이다.

3. 현장 상황 활용법

눈앞의 정경을 활용해 감흥을 일으키는 방법으로 연설 현장에서 즉시 적당한 소재를 찾아서 연설하는 것이다. 이 방법은 즉흥연설 가운데 가장 환영받는 방법이다. 청중과 가까워지고 연설의 예술성을 드러내는 장점이 있다.

현장 상황 활용법의 관건은 연사의 영민한 사유와 감정에 달려 있다. 연사는 심리적인 긴장을 풀고 순간에 담긴 영감을 포착해내야 한다. 이 방법에는 3가지 운용 방식이 있다. 하나는 장소의 이미지에 관해 이야기하는 것이고, 또 하나는 그 장소에서 들은 최신의 뉴스거리, 그리고 다른 하나는 앞서 말한 사람의 화제에 자신의 느낌이나 주장을 보태는 방식이다.

05
스피치는 이렇게 시작하라

어떻게 시작하는 것이 좋을까?

훌륭한 스피치는 우주선을 성공적으로 발사시키는 것과 같다. 우주선 발사에는 3가지의 중요한 요소가 있다. 발사, 임무수행, 그리고 착륙이다.

이 3가지 요소를 스피치에 비유하면 다음과 같다. '출발'은 훌륭한 서두로 청중의 관심과 정서에 호응하는 것이고, '임무수행'은 연사가 전달하고자 하는 중요한 메시지나 요점이며, '착륙'은 청중이 만족하고 설득되고 동기부여가 되는 기억에 남을 만한 마무리이다.

여기서는 스피치의 서두를 어떻게 해야 좋은지에 대해 알아보기로 하자.

강의나 연설을 시작하면 곧바로 요점으로 들어가야 하는가, 그렇지 않아야 하는가? 많은 연사들이 요점으로 곧바로 들어가려는 성향이 있다. 그러나 대부분의 청중은 처음부터 당신의 메시지에 집중하지 못한다. 따라서 그들이 적응할 수 있는 서두를 만들어야 한다.

   스피치가 10여 분 정도의 공식적인 프레젠테이션이거나 기분 좋은 사교 모임이라면 처음 시작할 때 1, 2분 정도 청중과 호흡을 맞출 수 있는 시간을 갖는 것이 좋다.

   청중의 입장에서 보면 서두가 시작되는 순간이 연사와 호흡을 맞출 수 있는 기회이다. 그래야만 청중은 연사의 목소리나 발음, 외모, 제스처, 얼굴 표정에 익숙해질 수 있다.

   연사의 입장에서 보면 '부드러운' 시작은 분위기를 화기애애하게 만들 기회인 것이다. 목소리를 느슨하게 하고 음조, 리듬, 속도를 조절해 가면 장소와 청중에게 맞는 적당한 음량을 알게 된다.

   콘서트를 시작할 때 악기를 조율해야 하듯이 청중과 호흡을 맞출 수 있는 스피치의 서두가 필요하다. 시작이 좋으면 끝도 좋은 법이다.

스피치를 시작하는 6가지 방법

   스피치의 방법은 대상이나 상황에 따라 다르다. 장례식에서 하는 연설은 축배 연설과 분명히 다른 목적을 가진다. 그러나 모든 연설에 적용시킬 수 있는 법칙이 있다. 절대로 말을 더듬거리거나 횡설수설하지 마라.

연설은 반드시 명료하고 분명해야 한다. 그것은 정보를 알려주며 상황에 적절하고 재미있어야 한다. 그렇다면 스피치의 서두를 어떻게 해야 좋을까?

1. 청중의 장점을 찾아 칭찬하라

모든 인간은 칭찬에 약하다. 그리고 청중은 모두 인간이다. 그러므로 그날 모인 청중에 대해 칭찬할 화젯거리로 스피치를 시작하면 연사는 호감을 얻게 된다.

2. 상황이나 장소에 대해 언급하라

만찬 중에 스피치를 하게 되는 경우라면 음식에 대해 언급해 보라. 음식은 당신과 청중이 공통적으로 가진 주제이다. 날씨를 이용할 수도 있다. 구름이 많이 끼고 흐린 날, 스피치하기 바로 전에 햇빛이 잠시 나왔다고 치자.

"여러분, 올해의 비즈니스 전망을 어떻게 보십니까? 창밖을 한번 보십시오. 그에 대한 해답을 보실 수 있을 겁니다. 경기 침체가 끝나고 회복의 시기가 다가옵니다. 앞으로 몇 달 안에 우리는 엄청난 실적 향상을 기대할 수 있습니다."

3. 출신지나 배경을 공유하라

대부분의 사람들은 자기가 태어난 지역을 무조건 지지한다. '고향'이라는 한마디 말로 우리는 서로 끈끈한 정과 강력한 힘을 느끼게 된다. 훌륭한 연사는 다소 과장되더라도 지역적 연결고리를 이용한다.

4. 인용구나 유머로 시작하라

여러 세기 동안 연사들은 인용구로 스피치를 시작하고 끝맺음을 해왔다. 중요한 것은 그것이 얼마나 양질의 것인가 하는 점이다. 청중의 주의를 집중시키고 주제를 인지시키는 것에 인용구만큼 좋은 것도 별로 없다.

5. 역사적인 사건과 결부시켜라

모든 사람은 기념일을 좋아한다. 과거의 생생한 기억들을 되살려 보는 것은 현재의 토픽으로 쉽게 넘어갈 수 있는 좋은 방법이다. 가족이나 작은 사교 모임에서는 개인적인 이야기가 가장 좋은 스피치 소재이다.

친숙하고 친근감 있는 추억은 사람들을 단단한 끈으로 묶어 준다. 때마침 공식적인 행사에서 연사가 스피치하는 날에 일어났던 사건이 있었다면 그 사건이 10년, 20년, 몇백 년 전에 일어났던지 간에 그때의 사건은 연사에게 훌륭한 스피치 도구가 되어줄 수 있다.

6. 사실과 수치

사실적인 이야기는 스피치를 진지하게 시작하기 위한 적절하고 확실한 방법이다. 때때로 유익한 정보와 기본적인 주제를 이야기할 때 활용하면 유용하다.

조심해야 할 인용구도 있다

풍자 작가 마크 트웨인이 직업에 대해 정의한 말 중에 스피치 대상에 따라 조심해야 할 말이 있다. "은행가는 햇빛이 비칠 때 당신에게 우산을 빌려주고 비가 막 오기 시작할 때 돌려달라고 하는 사람들이다." 이 말을 일반 청중 앞에서 사용했다면 적절할 수도 있을 것이다. 그러나 은행가들 앞에서는 사용하지 말아야 한다. 그들은 무려 백 년 가량 이 말을 들어왔기 때문에 이 말에 식상해 있다.

이와 비슷한 경우로 변호사라면 대부분 셰익스피어의 《헨리 6세》 4장에 나오는 말을 들어보았을 것이다.

"우리가 제일 먼저 해야 할 일은 모든 법률가들을 죽이는 일이다."

이혼으로 상처받은 사람들 앞에서 스피치를 한다면 적당한 인용구가 되겠지만 법조계 인사들 앞에서 이런 말을 한다면 큰 실수를 하는 것이다.

명심할 것은 인용구가 스피치 대상에게 적절할 때 그것을 사용해도 되지만 그렇지 않을 때는 프랑스의 소설가 조셉 루가 한 경고를 기억하라.

"훌륭한 인용구가 현명한 사람의 손에 들어가면 다이아몬드가 되지만 바보의 손에 들어가면 포장석이 되고 만다."

06
효과적인 스피치 계획 7단계 전략

당신이 광고를 수주해야 하는 영업사원이든 자기 팀을 동원하여 상대와 한판 겨루는 코치이든 직장의 사기를 높이려는 경영자이든 더 나아가 대권에 도전하는 후보자이든 간에 성공의 기회를 놓치지 않는 스피치를 하기 위해서는 계획, 즉 목표를 실현할 전략을 짜야 한다. 효과적인 스피치 계획은 다음 단계를 기초로 한다.

[1단계] 목표를 확정한다

스피치의 목표는 청중에게 무엇을 알도록 하고 무엇을 믿도록 하거나 무엇을 하도록 하는 것이다. 이 목표를 달성하기 위해서는 당신이 잘 알고 있고 중요하다고 생각하는 화제를 선택해야 한다.

스피치는 특정한 청중을 대상으로 설계하게 된다. 그러므로 계획 초기 단계에서 청중 분석을 끝내야 청중의 관심과 스피치에 대한 이해력을 예측할 수 있다.

청중 분석은 성별, 문화 수준, 평균연령, 교육 수준, 직업, 수입 및 사회단체와의 관계 등을 고려해야 한다. 또한 청중 수, 스피치 시작 시간, 스피치 장소, 스피치 시간의 제한 및 연사의 구체적 임무 등도 알아둘 필요가 있다.

[2단계] 자료를 수집한다

스피치에 이용할 수 있는 정보를 발견하고 수집해야 한다. 대부분의 정보는 인터넷 검색을 통해 사실적 근거가 있는 정보를 얻을 수 있다.

그러나 어떠한 스피치든 간에 자신만의 유머나 사람을 흥분시키는 재미있는 경험을 첨가해야 한다. 이것이 바로 화제가 중요한 이유이다.

청중의 분위기를 사로잡는 스피치 정보는 자신의 경험에서 얻어진다. 경험담은 대화를 포함하며 청중은 대화 형식으로 전개되는 이야기를 좋아한다. 재미있게 이야기를 해나간다면 사람들의 주의력을 집중시킬 수 있다.

[3단계] 자료를 구성한다

스피치에는 서두가 있고 본론, 결말이 있지만 서두와 결말을 고려하기 전에 스피치의 본문 부분을 먼저 구성해야 한다. 스피치 내용이 확정되기 전에는 서두를 구상하기 어렵기 때문이다.

서두는 청중의 주의력을 끌어내는 부분으로서 본문의 스피치로 이어지도록 한다. 청중이 시종일관 스피치에 집중하여 귀 기울인다는 보장을 할 수 없기 때문이다.

청중의 주의력을 끌기 위해 문제 제기로부터 시작하거나 유머를 이용하거나 청중을 놀라게 하면서 시작할 수도 있다. 스피치의 결말은 청중으로 하여금 당신이 한 말을 연상하도록 해야 한다. 동시에 결론에서는 청중에게 핵심을 찔러 주어 기억하도록 만들라.

[4단계] 전략을 개발한다

스피치의 기본 구성이 완성되었다면 당신은 청중에게 알맞게 스피치를 조절해야 한다. 조절해야 한다는 것은 언어, 시각 및 소리 등을 청중의 흥미와 필요성과 연관시키는 일이다.

특히 처음 하게 되는 스피치 자리에서 연사가 청중에게 적응하는 가장 간단한 스피치 조절 방법은 인칭대명사(나, 우리, 너희)나 수사학적 질문(청중의 대답이 필요 없는 문제) 등으로 청중과 공통적인 관계성을 맺는 것이다. 그런 기초 작업이 필요하다.

[5단계] 도구를 준비한다

어떤 도구를 이용하면 당신의 정보가 청중의 주의력을 끌 수 있을까? 비록 아주 짧은 스피치라 하더라도 당신은 시청각 도구를 이용하여 언어 정보를 분명히 하거나 중심사상을 두드러지게 하여 청중의 관심을 끌 수 있다.

청중에게 하나의 감각기관보다 여러 감각기관을 통해 정보를 접할 수 있도록 해주면 청중은 그 정보를 더 잘 이해하고 기억할 수 있다. 이때 창의적인 물체, 모형(도표, 도형, 투영 및 컴퓨터 도안) 등을 운용할 수 있다. 성공하는 연사는 수준 높은 정보로 최선의 효과를 얻는 데에 노력을 기울인다.

[6단계] 어구를 연습한다

스피치 주제에 관한 연사의 사상 및 견해는 언어와 비언어의 방식으로 청중에게 전달된다. 따라서 요점과 자료에 도움이 되는 어구(語句)를 세밀하게 잘 선택해야 한다. 만약 어떤 어구로 자신의 주요 사상 및 견해를 잘 표현하는 것에 생각이 미치지 않았다면 당신은 효과적으로 자신의 사상을 표현할 좋은 기회를 놓치게 된 것이다.

그러므로 스피치 연습 과정에서 분명하고 생동감 있게, 그리고 알맞게 언어를 사용하는 것을 연습해야 한다. 그래야만 청중의 머릿속에 한 폭의 선명하고 생동하는 그림이 떠오를 수 있게 된다. 당신의 말이 생동적이며 중심이 있고 동시에 알맞을 때까지 연습하라.

[7단계] 표현을 숙달한다

스피치를 연습할 때 표현은 열정에 넘치고, 발음은 분명하고, 언어는 유창하며, 동작은 자연스럽고 명쾌하도록 해야 한다. 스피치의 효과는 대부분 스피치할 때의 소리나 몸언어에 의해 결정된다.

성공적인 스피치는 연습량에 비례한다. 연습의 양은 상황에 따라 다를 수 있다. 자신이 익숙하지 않은 내용일 경우에는 연습을 더해서라도 스피치 제한시간 내에 부담 없이 끝낼 수 있도록 준비해야 한다. 익숙한 내용인 경우에는 몇 번의 연습만으로도 충분히 스피치 목표에 도달할 수 있을 것이다.

07
가슴에 와 닿는 스토리텔링

사고어와 표현어의 차이를 아는가

커뮤니케이션 측면에서 볼 때 스피치가 능숙한 사람과 서툰 사람은 많은 차이가 있다. 그 차이 중 가장 큰 것은 '사고어와 표현어가 다르다'는 것을 아느냐 모르느냐이다.

사고어(思考語)란 머릿속으로 생각하는 것이고, 표현어(表現語)란 생각을 말로 나타내는 것이다. 당연한 이야기지만 말하는 이의 사고어는 듣는 이에게 전달되지 않는다. 표현어만이 전달된다.

일반적으로 많은 사람이 머릿속으로는 시종일관 세세한 것까지 생각하면서도 실제 스피치 과정에서는 거두절미하듯 대부분을 생략하고 줄거리나 결론만을 말하기 일쑤다. 그 결과 듣는 사람은 과정이나 세세한 부분을 알 길이 없어 상대가 무슨 말을 하는지 답답하게 된다. 스피치에 구체성이 결여되어 있어서 가슴에 와 닿지 않는 것이다.

스피치가 서툰 사람은 평범하게 줄거리만을 이야기하는 데에 시간을 쓴다.

예컨대 한 연사가 다음과 같이 스피치를 한다면 감흥이 오겠는가?

"최근에 하와이를 갔었습니다. 하와이는 멀다고 생각하고 있었습니다만 생각보다 가까웠습니다. 호놀룰루공항에 도착해서 시내관광을 했습니다만 누아누 팔리 전망대라든가 다이아몬드 헤드 등은 인상적이었습니다."

이렇게 줄거리만을 건조하게 말하는 방식에는 클라이맥스도 없고 긴장의 묘미도 없다. 짧은 스피치가 좋다고 해서 이야기를 간단히 끝낸다면 듣는 이에게 강한 인상을 심어줄 수 없다.

그러면 듣는 이의 가슴에 와 닿는 스피치, 인상적이고 재미있게 이야기하려면 어떻게 하는 것이 좋을까. 이야기를 인상적으로 하는 요령에 대해 알아보자.

이야기를 인상적으로 하는 4가지 요령

1. 듣는 이가 듣고 싶어 하는 요점을 빠뜨리지 마라

"최근에 하와이에 갔었습니다." 이 말을 듣는 이는 바로 "왜 갔었을까?"하고 생각할 것이다. 그런데 말하는 이가 이걸 생략해버리면 듣는 이는 듣고 싶었던 것을 듣지 못했기 때문에 욕구불만이 생기게 된다.

"최근에 하와이에 갔었습니다. 하와이는 아시는 바와 같이 태평양 한가운데에 솟아 있는 낙원의 섬으로 불리지요. 저는 오래 전부터 기회가 생기면 꼭 한번 들를 생각이었습니다. 그런데 이번에 때마침 휴가를 받은 데다 권유하는 사람도 있어서 결연히 떠났지요."

이렇게 말하면 듣는 이는 "아, 전부터 동경하고 있다가 레저로 떠났구나"라고 납득하고 다음 이야기에 귀를 기울이게 된다.

"누아누 팔리 전망대라든가 다이아몬드 헤드가 인상적이었다"는 말도 느낌에 대한 설명이 구체적이지 못하다. 듣는 이의 입장에서는 그가 왜 인상적으로 생각했는지 그 이유에 대해 알고 싶어 하기 때문이다.

"누아누 팔리 전망대는 아름다운 바다 광경을 내려다볼 수 있는 명소지만 일명 바람산이라 불릴 정도로 강풍이 대단히 센 것으로도 유명하지요. 바람이 세차게 불 때에는 5분도 서 있을 수 없습니다. 바람이 모이기 쉬운 분지 형태로 되어 있기 때문이라고 합니다."

"다이아몬드 헤드는 오하우 섬 남동 해안에 있는 화산인데 높이가 232m나 되는 절구 모양의 깎아지른 벼랑이 바다 쪽으로 불거져 나와 있어 경치가 매우 아름다운 곳입니다."

이렇게 말한다면 바람이 강했다는 점, 경치가 아름다웠다는 점이 듣는 이의 인상에 남게 되는 것이다.

2. 객관적인 근거를 댄다

"하와이는 멀다고 생각하고 있었습니다만 생각보다 가까웠습니다."

이 말에는 초점이 없다. 멀다고 생각했는데 왜 가깝게 느껴졌는지 그 근거가 나타나 있지 않기 때문이다.

"서울에서 하와이까지의 거리는 약 7300km, 거리상으로 매우 멀게 느껴지겠지만 비행기로는 7시간 40분 정도 걸립니다. 창문으로 구름바다나 짙푸른 바다에 큰 배가 작은 점으로 보이는 것들을 보거나 친구와 담소를 나누면서 꾸벅꾸벅 졸다가 보면 어느덧 하와이에 도착하게 됩니다."

이렇게 말하면 듣는 이는 '과연 그렇구나!' 하고 납득할 수 있을 것이다.

앞서 말한 누아누 팔리 전망대에서 왜 바람이 강한가 하면, 그곳은 "바람이 모이기 쉬운 분지 형태의 지형으로 되어 있기 때문이라고 합니다"라고 말하는 것도 객관적인 근거를 나타내는 방식이다. 이렇게 스피치한다면 내용은 분명해지고 어투에는 깊은 맛이 더해진다.

3. 구체적인 숫자를 넣는다

숫자는 객관적인 지표이다. 숫자를 적절한 이야기 자리에 배치하면 듣는 이에게 확신을 줄 수가 있다.

가령 '서울에서 하와이까지의 거리는 약 7300km'라든가, '다이아몬드 헤드라는 곳은 (…) 높이가 232m 정도'라고 표현하는 것이 이에 해당한다.

그렇지만 표현하고자 하는 숫자가 지나치게 클 경우에는 오히려 실감이 감소하는 경향이 있으므로 그럴 때는 '우리나라 남산만하다'든가 '63빌딩 정도'라고 말하는 편이 낫다. 듣는 이가 상상할 수 있는 것과 대비시키는 어법이 경우에 따라서는 효과가 크기 때문이다.

4. 눈에 보이는 듯이 이야기한다

스피치를 능숙하게 하는 사람은 그림을 그릴 때처럼 확실하게 눈에 보이듯이 말한다. 예컨대 '이 종이는 하얗다'고 말하는 것과 '이 종이는 눈처럼 희다'고 말하는 것을 비교해 보자. 분명히 후자 쪽이 실감 날 것이다. '눈처럼'이라고 표현할 경우 그것은 듣는 이의 뇌리에 눈의 정경으로 떠오르고 '하얀' 의미 작용과 연결됨으로써 듣는 이에게 확실한 이미지로 전달될 것이다.

위에서 말한 4가지 방식으로 최초의 이야기를 바꾸어 전개해 보라. 인상적인 스피치 방식으로 인해 듣는 이의 경청 태도도 달라졌을 것이다.

08
말 맛을 살려주는 작지만 큰 차이 기술

갑자기 지명을 받았다

중소기업의 송(宋) 사장이 동업자 간담회에 참석했던 경우다. 그는 주최자로부터 "스피치는 해주시지 않아도 됩니다"라는 말을 들었다. 그래서 안심하고 아무런 준비도 없이 참석했는데 행사 당일 사회자로부터 갑자기 지명을 받았다.

그 순간 "약속이 틀리지 않느냐?"고 항의해봤자 아무 소용이 없었다. 이미 모든 사람들이 송 사장 쪽을 바라보면서 박수를 보내고 있었다. 송 사장은 이 위기의 순간을 어떻게 넘겼을까?

그는 탁자에 놓인 술잔을 들고 침착하게 걸어 나가 연단 앞에 서서 좌중을 훑어보았다. 그리고 술잔을 높이 들어 보이며 입을 열었다.

"여러분! 이 술잔을 보십시오. 참으로 크고 우아하지 않습니까? 아까부터 저는 '이 집의 술잔이 매우 공들인 것이구나' 하고 생각했습니다. 우리가 평소 퇴근길에 들르는 스낵바나 포장마차 집의 술잔과는 달리 그릇이 큼지막하지요. 그래서 그런지 푸짐하다는 느낌이 듭니다. 술에도 푸짐함이 있다면 사람도 그릇의 크기에 따라 능력의 차이가 드러나는 게 아닐까 생각해봅니다. 오늘 여기 모이신 여러분의 인간적인 그릇의 크기에 전 평소부터 탄복하고 있었습니다(후략)."

송 사장의 사례에서 알 수 있듯 준비 없이 갑자기 지명을 받았을 때는 그 자리에 있는 어떤 물건을 이용하거나 그 자리에 오기까지의 일을 이야기하면 위기를 모면할 수 있다.

아뿔싸! 실언을 했다

'그런 말을 할 생각은 전혀 없었는데, 어째서 그런 말이 내 입에서 나온 것일까?'

누구든 이런 괴로운 경험을 한두 번은 했을 것이다. 요컨대 하나의 예를 들어 보자.

개그맨 K는 유명세만큼이나 여러 모임에 초대받아 사회를 보는 일이 적지 않았다. 언젠가 살찐 젊은 여성이 등장했다. 그러자 K는 가벼운 조크를 한다는 마음으로, "교통사고만은 충분히 신경을 써주십시오. 당신과 부딪히면 덤프트럭이라도 크게 부서질 테니까요" 하고 무심결에 말해 버렸다. 그 순간 K는 아뿔싸! 하는 생각이 들었지만 버스 떠난 뒤 손 흔드는 격이었다. 그녀의 뾰로통해진 표정과 마주친 순간, K는 꼼짝달싹 못하게 되었다. "하지만 그 정도로 건강미가 넘치시니 참으로 멋집니다"라고 말을 끝냈다. 식은 땀나는 순간이었다는데 다행히 그때는 그녀가 껄껄 웃어 주어서 위기를 넘길 수 있었다고 한다.

스피치 과정에서 처음에 자극적인 말을 내뱉어 실언을 했다고 해도 순간의 기지를 발휘해 교묘하게 말을 보충하는 수사법을 잘 쓴다면 앞의 실언을 지울 수 있을 뿐만 아니라 스피치 전체를 찬사로 바꿀 수가 있다. 실언의 상황을 역전시키려면 순간의 재치가 요구된다. 그러므로 임기응변 능력이 안 되는 사람은 당연히 실언을 하지 않도록 조심할 일이다. 스피치의 초고를 충분히 퇴고하여 실수가 없도록 대비하는 일이 실언의 상황을 만들지 않는 최선의 길이다.

큰일 났다, 추월당했다

스피치를 의뢰 받은 사람 중에는 "멋진 말을 할 수가 없어서……" "흔하디 흔한 얘기밖에 할 게 없어서……"라는 이유를 내세워 대개 거절을 한다. 그러나 피할 수 없는 부탁이 올 때도 있는 법이다. 그럴 경우를 대비해 손쉽게 접할 수 있는 예화집을 사서 쓸 만한 문구나 이야기 샘플을 발췌해 적절히 활용하는 사람이 있다.

그런데 스피치 소재로 이건 쓸 만하다고 생각할 경우 다른 사람도 똑같이 그렇게 느낄 경우가 많다. 그래서 흔히 스피치 상황에서 똑같은 문구나 예화 내용이 맞부딪히는 경우가 있다. 또 신문, 주간지, TV, 인터넷 등에서 크게 다루어진 최근의 관혼상제 케이스는 자주 인용되는 경향이 있다. 이런 경우 먼저 말한 쪽이 승자이므로 같은 내용을 나중에 말하게 되는 사람은 이것처럼 괴로운 일도 없을 것이다. 하지만 자신의 것과 같은 스피치 소재를 다른 사람이 먼저 썼다고 해서 동요하지 마라. 앞서 사용된 소재라 해도 전혀 다른 맛이 나도록 가공하면 된다.

스피치 시간을 짧게 하란다

흔히 있는 일인데 연회석상 도중에 사회자로부터 "아직 인사 말씀 하실 분들이 10여 분 계시므로 죄송합니다만 지금부터의 축사는 간단히 한 말씀씩만 부탁하겠습니다"라는 메모가 돌려지거나 전체에게 이런 부탁을 하는 경우가 더러 있다.

당연히 "스피치를 부탁할 때에 사전에 알렸다면 좋았을 텐데……" 하고 사회자를 원망하고 싶겠지만, 사회자의 마음은 제멋대로 장황하게 먼저 말한 몇 사람의 연사를 원망하기에 바쁠 것이다. 만일 당신이 시간에 쫓겨 행사의 흐름을 전전긍긍하면서 바라보고 있는 초조한 사회자의 마음을 헤아린다면 다음과 같이 하는 것이 좋다.

"그러면 간추려서 두 가지 축사를 드리겠습니다. 첫째는 ……, 둘째는 ……."

단, 이렇게 간단하게 정리해서 말할 수 있으려면 스피치 플랜을 미리 준비해 둬야 한다. 그러면 준비된 원고에서 어느 부분을 빼면 좋을지, 어느 부분과 어느 부분을 합치면 좋을지 재빨리 발견할 수 있기 때문이다.

최후의 한마디를 연출한다

"에~, 그러면 끝으로 한 말씀만 하고"라고 말해서 곧 이야기가 끝날 것으로 기대했는데 한 말씀은커녕 연사가 다시 장황하게 이야기를 늘어놓아 누구나 진저리를 쳤던 경험이 있을 것이다.

그런 상황에서 '최후의 한 말씀' 하는 소리를 청중이 듣게 되면 청중은 간결한 끝맺음의 말을 기대하고 피날레의 고조된 분위기를 예상하며 귀를 기울이게 된다. 만일 당신이 이런 분위기에 꼭 맞추려고 "끝으로……"라고 말했다면, 청중에게 아주 잠시 동안 틈을 주고 침묵의 시간을 가져야 한다. 이때 청중은 '어떻게 된 걸까?' 하고 의아해 할 것이다. 그러면 연사는 그 순간을 포착해 약간 큼직한 목소리로 할 말을 하면 된다.

다음 사례는 모 회사의 창업자이자 대표이사의 은퇴 파티 때 있던 내빈의 스피치다.

"(…) 회장님께 여러 가지 신세를 많이 졌다는 것을 말씀드리다 보니 어느새 말이 길어졌습니다. 끝으로 한 말씀만 드리겠습니다."

여기서 그는 말을 끊고 좌중을 훑어보았다. 일순간 침묵이 흘렀다. 잠시 후에 그는 대표이사를 보면서 말했다.

"회장님! 언제까지고 건강하시고 장수하시기 바랍니다."

순간, 장내에는 박수갈채가 퍼졌다. 노(老) 회장의 눈에는 눈물이 고여 있었다.

09 스피치 보험을 들었는가?

벌을 주는가, 보상을 주는가?

당신은 벌 받기를 좋아하는가, 보상받기를 좋아하는가? 당연히 보상을 원할 것이다.

모든 스피치에는 정도의 차이가 있지만 '보상'이나 '벌'의 의미가 담겨 있다. 대부분의 스피치는 정보 제공이나 설득, 환대를 이유로 행해지기 때문이다. 청중은 연사의 스피치를 통해 무언가를 생각하거나 변화의 느낌을 받는다. 스피치로 청중이 보상을 받지 못한다면 그 스피치는 실패한 것이다.

정보를 주기 위한 스피치의 경우, 청중에 대한 보상은 부수적인 정보의 획득이나 특정 주제에 대한 통찰력의 확보로 나타난다. 따라서 연사는 스피치하는 동안 "이 새로운 정보를 기억하면 어째서 보상으로 나타나는가?" 하는 점을 청중에게 지적해줘야 한다.

설득을 위한 스피치에서도 청중은 스피치로 '보상'이나 '벌'을 받게 된다. 청중이 연사의 주장에 동의하면 그들은 자신들의 아이디어가 확인되는 것을 들음으로써 보상받는다고 생각한다. 청중이 스피치에 동의하지 않는 경우, 그들은 근심을 얻어 벌을 받게 되는 셈이다.

환대의 스피치는 청중에게 즐거움의 형태로 보상된다. 청중이 환대의 스피치를 즐기지 못하면 청중에겐 싫증의 형태로 벌이 주어진다.

자연히 대다수의 청중들은 벌보다 보상을 좋아한다. 그러므로 연사는 자신의 스피치를 가지고 '어떻게 청중에게 보상을 제공할 것인가?'를 신중히 생각하지 않으면 안 된다.

무엇보다도 연사는 청중에게 '무언가 가치 있는 것을 얻었다'는 느낌을 갖게 해야 한다. "내 스피치가 청중에게 준 보상은 무엇인가?"라는 질문을 매번 스스로 되묻고 준비하여 청중에게 보상이라는 큰 선물 보따리를 안겨 줘야 한다.

스피치 보험의 7가지 규칙

스피치를 청탁 받은 사람은 대체로 두 가지 이유 때문에 고심한다. 하나는 '스피치를 잘해야 한다'는 걱정이고, 또 하나는 '스피치가 실패로 끝나지 않을까?' 하는 공포감이다. 당신의 스피치를 실패하지 않게 하는 방법이 있다면 그것은 바로 '스피치 보험'이다.

다음은 스피치하기 전이나 하는 동안에 당신이 반드시 알고 지켜야 할 '스피치 보험'의 규칙이다.

1. 잘 알고 있는 주제를 선택하라

연사가 지금 자신이 무엇을 말하고 있는지 모르는 것만큼 스피치를 빨리 망치는 일도 없다. 청중은 연사가 공허한 이야기를 꾸며서 하거나 스피치의 주제를 벗어날 경우, 그 사실을 쉽게 알아챈다. 따라서 당신이 관심이 깊거나 잘 알고 있는 내용으로 화제를 선택하는 데에 신중을 기해야 한다.

2. 역할을 겉모습으로 나타내라

연사의 운명을 결정짓는 것은 청중이 당신을 받아들이느냐 않느냐에 달려 있다. 이것은 그들이 기대하는 당신의 외모를 포함한다. 당신의 스피치 주제가 진지한 것이라면 그에 맞는 표정과 옷차림을 하라. 가령 남자에게는 정장의 양복 차림을 말하며, 여성에게는 정장이나 스커트에 블라우스 차림을 말한다.

3. 당신의 의도를 미리 알리지 마라

청중에게 자신의 의도를 처음부터 말하는 것은 좋지 않다. 사람들은 자기들이 마음을 바꿀 거라는 말을 듣기 싫어한다. 만약 마음이 바뀌었다면 자신들도 알지 못하는 사이에 일어났다고 믿고 싶어 한다.

그러므로 연사는 직선적인 스피치 방법을 피하고 간접적인 방법으로 넌지시 당신의 목적 달성을 꾀하도록 하라.

4. 이론보다 실용적인 면을 강조하라

청중은 이론보다 실제적인 아이디어와 예를 좋아한다. 어쩔 수 없이 스피치에서 어떤 이론적 설명이 필요하다면 가급적 이론은 짧게 끝내고 곧바로 실용적인 스피치 내용으로 옮겨가야 한다. 당신은 말하고자 하는 것의 이유와 방법을 청중이 알아야 한다고 생각하겠지만, 청중은 자신에게 직접적인 혜택이 돌아올 수 있는 내용에 더 몰두하고 싶어 한다는 것을 명심하라.

5. 청중이 이해할 수 있는 정도만 말하라

청중의 대부분은 연사의 이론적인 복잡한 내용을 이해하는 데에 어려움을 느낀다. 한 번에 너무 많은 아이디어를 접하게 되면 혼동만 일어나고, 그 결과 연사에 대한 기대감과 스피치 감응도는 떨어지게 된다. 그러므로 연사는 청중이 이해할 수 있는 것과 그렇지 않은 것에 대해 민감해야 하며, 어떤 상황에서도 한꺼번에 너무 복잡하거나 많은 정보를 제공해서는 안 된다.

6. 반복하고 또 반복하라

어떤 청중에게는 무슨 말을 한 번만 하는 것으로 충분하지 않을 때가 있다. 그런 청중은 듣기를 게을리하는 습성, 부주의, 동기 부족, 무관심으로 나타난다. 또한 연사의 말이 분명하지 않기 때문에 나타나기도 한다. 스피치에서 반복법을 잘 선택하면 극도의 효력을 볼 수 있다. 마틴 루터 킹은 〈나에게는 꿈이 있다〉라는 연설에서 반복법을 효과적으로 사용했다.

7. 청중이 무언가를 하게 하라

성공적인 스피치는 청중이 연사에게 많은 피드백을 해주는 스피치다. 청중은 스피치 과정에 참여하고 싶어 한다. 연사가 청중으로부터 긍정적인 반응을 얻으려면 청중을 가만히 앉아 있게 내버려둬서는 안 된다. 청중이 듣는 것으로 만족하지 말고 그들을 육체적으로 참여하게 해야 한다. 동적인 청중의 반응은 연사의 스피치 의욕에 긍정적인 영향을 줄 뿐 아니라 다른 청중을 선동하게 만드는 기폭장치이다.

10
스피치는 적극성을 요구한다

시작하는 용기가 중요하다

현대는 소통과 평생학습의 시대이다. 소통의 방법에는 여러 가지가 있으나 그 주역은 스피치다. 스피치가 서툰 사람은 위축되고 고립되어 어느 분야에서도 성공하기 어렵다.

스피치 교육의 붐이 일어난 것도 이런 시대상의 반영일 것이다. 그런데 운전이나 골프를 배우는 것은 당연하다고 여기면서도 스피치를 배우는 일에는 아직도 이런저런 이유로 망설이는 사람들이 많다.

미국 스피치 교육의 선구자 데일 카네기의 연구소 문 앞에서 한 중년의 남자가 서성거리고 있었다. 그는 내성적이고 소극적인 성격이었는데 스피치 스트레스로 고민하던 중 광고를 보고 찾아온 것이다. 그는 연구소 문 앞에까지 오기는 왔으나 문을 두드릴 용기가 나지 않아 망설이다가 끝내 노크를 하지 못하고 '내일 와야지' 하면서 발길을 돌렸다.

그러던 그가 카네기연구소를 다시 찾아가 스피치 공부를 하기까지는 5년이라는 세월이 흘렀다. 스피치를 노래처럼 잘하면 좋겠지만 못한다고 해서 당장 생업에 지장이 있는 것도 아니고, 생명에 위협을 느끼는 것도 아니기 때문에 "배우긴 배워야 할 텐데"하며 차일피일 미루다가 5년이나 지난 것이다.

그는 자신의 사회적 지위가 점점 높아지자 참가해야 할 모임도 점점 많아졌다. 그래서 더 이상 스피치 교육을 미룰 수 없게 되자 작심하고 스피치 교육을 받았다.

그가 교육을 받고 돌아간 5년 후, 카네기에게 그 남자로부터 편지 한 통이 날아왔다. 그가 미국실업가협회 회장으로 취임하게 되었는데 취임식에 꼭 참석해달라는 초대장이었다.

그 남자는 언제 스피치 공포를 느꼈는가 싶을 정도로 멋지게 취임사를 하였다. 모두의 박수갈채와 축하를 받으며 카네기 앞으로 다가온 그는 다음과 같이 말했다.

"존경하는 선생님, 제가 스피치 교육을 받기 5년 전에 연구소를 찾아간 적이 있었습니다. 그런데 노크할 용기가 없어 문 앞에서 서성거리다가 '내일 와야지' 하고 되돌아왔습니다. 그리고 5년이 지난 후에야 스피치 교육을 받게 되었습니다. 그때 받은 며칠간의 교육으로 자신감을 얻은 저는 스피치뿐만 아니라 매사에 적극적으로 임하게 되었고, 사람들로부터 인정을 받아 오늘 우리나라 실업가협회의 회장까지 하게 되었습니다. 스피치 교육을 받고 난 5년 후에 실업가협회 회장이 되었으니 만약 제가 선생님 연구소를 처음 방문했던 그때에 저에게 노크할 용기가 있었다면 오늘의 이 영광은 5년 앞으로 단축되었을 것입니다."

이 일화는 우리에게 시사하는 바가 크다. 이왕에 배워야 할 것이라면 망설이지 말고 하루라도 빨리 배우는 것이 낫다는 것이다. 늦었다고 생각한 때가 가장 빠른 때다.

적극성을 기르는 3가지 방법

흔히 스피치 능력은 선천적인 소질이라고 생각하기 쉬우나 아니다. 누구나 배우고 익히면 잘할 수 있는 후천적인 학습의 산물이다.

그 좋은 대표적인 예가 아테네의 웅변가였던 데모스테네스이고 로마의 정치인이자 철학자였던 키케로이다. 데모스테네스는 말더듬이였음에도 불구하고 끈질긴 노력으로 그리스 제일의 웅변가가 되었다. 키케로는 로마 제일의 웅변가로 인정받은 사람인데도 그 능력을 유지하기 위해 지속적으로 연습을 하였다.

이렇듯 자기표현의 무기이며 자기계발의 필수 과목인 스피치 능력을 키우려면 어떻게 해야 할까? 그 기법은 다양하지만 우선 적극성이 있어야 한다. 적극성은 의욕과 실행이다. 하고자 하는 의욕이 없으면 변화가 없고, 실행하지 않는 의욕은 공염불에 지나지 않는다.

새가 알을 깨고 나오듯이 자신의 존재를 움츠리게 만드는 소극적인 껍질을 깨고 적극적인 사람이 되기 위한 방법으로 나는 다음과 같은 3가지 방법을 권한다.

1. 내가 먼저 적극적으로 말하라

당신은 소극적인가 적극적인가? 사람들이 많이 모이는 장소에 가보면 자신이 소극적인 사람인지 적극적인 사람인지를 쉽게 알 수 있다. 소극적인 사람은 남이 자신을 알아주기만을 바라며 먼저 인사하거나 말을 걸지 않는데 반하여 적극적인 사람은 자신이 먼저 인사하고 모르는 사람에게도 자기소개를 한다.

노래나 스피치를 시킬 경우 소극적인 사람은 회피하다가 마지못해서 하지만 적극적인 사람은 잘하든 못하든 자기가 먼저 한다. "피하지 못하면 즐기라"는 말이 있듯이 이왕 할 바에는 적극적으로 하는 것이 보기에도 좋고 심리적인 부담도 적다.

2. 가능한 한 큰소리로 밝게 말하라

소극적인 인간은 대체로 목소리가 작고 어둡다. 나약한 목소리는 자신감이 없어 보이며 어두운 표정은 믿음이 가지 않는다. 목소리는 박력이 있어야 한다. 조례나 회의는 물론 비즈니스 협상에서도 박력 있게 말하는 사람이 성공하지 않던가.

비록 자신감이 없더라도 용기를 내어 큰소리로 말해 보라. 그러면 사람들은 연사가 자신감이 있어서 그렇게 말한다고 믿는다. 그리고 그 믿음은 연사에게 감정이입이 되고 자신감을 증진시켜 준다.

용기가 기관차라면 자신감은 객차이다. 많은 사람들 앞에서 하는 스피치라면 용기를 내어 밝고 큰소리로 말하는 노력을 해야 한다.

3. 모든 스피치의 기회를 활용하라

평소에는 큰소리로 밝게 말하다가도 스피치를 하라고 하면 기어들어 가는 모기 소리로 쩔쩔매는 사람들이 있다. 훈련이 되어 있지 않아서 적응을 못하기 때문이다. 많은 사람 앞에서 스피치를 잘하기란 쉬운 일이 아니다.

그러나 스피치야말로 적극성을 기르는 최적의 훈련이다. 스피치 능력은 체험을 거듭함으로써 향상된다. 스피치는 갓난아이가 기어가는 것을 익히고 나서 아장아장 걸음마하고 마침내 걷거나 뛸 수 있게 되는 과정과 같다. 체계적인 훈련과 꾸준한 체험의 축적이 없으면 결코 향상되지 않는다. 사람들 앞에서 당당하게 설득력 있는 명 스피커가 되고 싶다면 스피치할 수 있는 모든 기회를 활용하여 적극성을 훈련하고 숙달시켜야 한다.

11
스피치에도 윤리가 있다

막말들이 판을 치고 있다

언론의 자유와 소통의 시대를 맞이하여 우리 사회는 그 어느 때보다 자기주장이 강해졌고 그 표현의 방법과 매체도 다양해졌다. 가히 '언론 자유의 전성기'라고 해도 과언이 아니다.

그런데 문제는 뛰어난 화술의 남용으로 인한 피해도 적지 않다는 사실이다. 자신의 말재주만 믿고 대책 없이 내뱉는 막말에 많은 사람이 상처를 입기도 한다. 철모르고 마구 지껄이거나 희희낙락했다가 언어폭력의 주범이 되어 뭇사람으로부터 질타를 받고 패가망신하는 경우도 많이 볼 수 있다.

한창 잘 나가던 방송인 A씨가 한때 갑작스럽게 방송에서 하차했던 일, 〈나는 꼼수다〉 프로그램의 시사평론가 B가 국회의원에 출마했다가 낙마한 사연 등이 막말을 즐긴 대가라면 새삼 말의 윤리를 생각하지 않을 수 없다.

매스컴의 보도로 이미 잘 알려진 자칭 '국민욕쟁이' B는 그렇다 치고 A는 왜 방송까지 그만둬야 했을까 하는 의아심이 들었다.

사연인즉 10여 년 전 인터넷 라디오방송에서 그가 "창녀들이 전세버스 두 대에 나눠 타는 것은 예전에 정신대라든지 이런, 참 오랜만에 보는 것 아니냐"라고 말한 것을 누군가 찾아서 인터넷에 올렸고 그것이 SNS를 통해 빠르게 확산되면서 파문이 시작됐다고 한다.

그것이 사실이라면 일제강점기 시절 '정신대'에 일본군 위안부로 강제 동원된 분들을 자발적 직업여성인 '창녀'와 동일시한 발언이 되므로 뜻있는 사람, 특히 여성들에게 뭇매를 맞은 것은 당연지사라 하겠다.

그런데 왜 10여 년 전 사건이 새삼스럽게 문제가 되었는가? 말에는 지우개가 없으며 지금 시대는 오리발을 내밀 수도 없는 정보 공유 시대다. 인터넷을 이용해 검색어만 입력하면 몇십 년 전 자료까지 단 몇 초면 증거로 찾아낼 수 있는 첨단장비를 누구나 가지고 있다.

A 앞에 꼼짝달싹할 수 없는 증거가 나오자 그는 "입 밖에 나온 말은 다시 주워담을 수 없다는 진리를 깨달았다. 나 자신을 돌아보며 자숙하는 시간을 보내겠다"고 말하고 방송 하차를 선언했다. 막말로 인기를 얻고 막말 때문에 인기가 추락한 아이러니한 사건이다.

막말과 독설의 문제는 어제 오늘의 일만이 아니다. 독설, 폭언, 저질언어, 여성비하, 성희롱, 무책임한 폭로를 일삼다가 세인의 눈총을 받아 인격과 명성을 잃어버린 사람도 많다.

일국의 대통령을 겨냥해서 "거짓말쟁이는 공업용 미신으로 드르륵 박아야 한다"는 소설가 출신의 국회의원이 있었고, "《춘향전》은 변사또가 춘향이를 따먹는 이야기"라고 말한 도지사도 있었다. 또한 "요즘 룸살롱에 가면 자연산을 찾는다더라"라며 여성비하를 한 당 대표도 있었고, 현직 대통령을 "죽여버려야 하지 않겠나!"라고 주장한 법무부장관 출신의 국회의원도 있었다. 그야말로 헤아릴 수 없을 정도로 막말이 판을 치고 있는 것이다.

윤리적 스피치를 위한 지침

효과적으로 스피치하는 방법을 학습하는 것과 마찬가지로 윤리적으로 스피치하는 것도 매우 중요하다. 스피치는 사람들에게 영향력을 미치는 파워이기 때문에 당연히 윤리적인 책임이 따른다. 그러므로 연사는 스피치하기 전에 자신이 말하려는 내용이 정직한 것인지 아닌지, 이치에 맞는지 아닌지, 공평한지 아닌지, 도덕적인지 아닌지를 생각해봐야 한다.

윤리적 스피치는 상대의 권리나 감정을 침해하지 않고 사실을 왜곡하지 않으며, 상대가 오해하지 않도록 하고, 일방적인 논쟁이 되지 않도록 하면서도 자신의 생각과 견해를 상대에게 전달할 수 있기 때문이다.

이제 윤리적인 스피치는 어떻게 하는 것이 좋은지 몇 가지 지침을 알아보자.

1. 주제의 건전성을 확인한다

연사는 스피치 주제가 가치가 있는 것인지를 판단해야 한다. 청중에게 스피치할 만큼 중요한가, 정보를 제공해주는가, 교육적인가를 확인하는 것이다.

만약 주제의 가치에 어떤 의심이 든다면 그 주제를 선택해서는 안 된다. 스피치의 주제는 가치가 있어야 하고 또 그만한 결과를 낼 수 있어야 한다.

2. 철저하게 준비해야 한다

연사는 청중 앞에 나서기 전에 준비를 철저히 할 의무가 있다. 빈약한 내용과 어설픈 스피치는 청중에게 가치가 없고 시간 낭비일 뿐이다.

철저한 연구, 조사에 의거해 청중에게 가치 있는 정보를 주려고 준비해야 한다. 스피치 준비 과정에는 청중 분석, 메시지의 체계화, 예행연습까지 포함된다.

3. 거짓없이 정직하게 말한다

'윤리적 스피치는 그 내용을 신뢰할 수 있어야 하고 연사는 진실만을 말할 것'이라는 전제하에 성립된다. 연사는 정확하고 공정하게 정보를 전달할 임무가 있다.

그러므로 스피치 내용 중 거짓말이나 기만하는 부분은 없는지, 통계자료나 증언 등의 사실을 공정하고 정확하게 준비했는지를 확인해야 한다. 책임 있는 연사는 개인적 이득을 위해 진실을 왜곡하지 않는다.

4. 언어 선택을 잘해야 한다

연사가 어떤 단어를 선택하느냐에 따라 메시지 전달의 효과가 달라질 수 있다. 또한 청중이 연사의 의도를 이해하는 데에도 큰 차이를 만든다. 그러므로 연사는 특별한 청중과 상황에 알맞은 단어 선택의 방법을 학습하고 그런 능력을 키워야 한다.

이것은 연사에게 가장 어려운 과제지만 언어 선택 능력은 다른 연사들과 차별되는 길을 열어줄 것이다. 비슷한 언어와 꼭 필요한 언어의 효과는 천지 차이다.

5. 비방이나 욕설은 삼가야 한다

말은 인격을 표현하는 척도인 동시에 폭력성이 있다. 고상한 말을 하면 고상한 사람이 되고 비천한 말을 하면 비천한 사람이 된다. 비방이나 욕설은 상대의 인격과 존엄성을 깎아내리며 상처를 입히므로 백해무익하다.

그런데도 비방이나 욕설을 즐겨 퍼붓는 연사가 있다. 언론자유가 있다고 해서 아무 말이나 생각 없이 해서는 안 된다. 자유란 권리의 한계 안에서 누릴 수 있는 것이다.

12
스피치는 짧아야 빛난다

당신의 스피치 길이는 어떤가?

언젠가 저녁 모임에 참석했다가 저명인사의 스피치를 듣게 되었다. 그분은 명문대학 출신에다 여러 저서를 냈고 신문, 잡지에도 자주 글을 발표했다.

직접 대면한 적은 없었지만 평소 그분의 글을 재미있게 읽었던 터라 나는 기대감을 가지고 그분의 스피치를 들었다. 나뿐만이 아니라 그 자리에 참석한 사람들 모두 기대하는 눈빛이 역력했다.

그런데 이게 어찌된 일인가. 어눌한 말투는 그렇다 치고 알맹이도 없는 내용을 중언부언 횡설수설하는 게 아닌가. 더군다나 그런 스피치를 왜 그렇게 길게 하는지 "간단히 한 말씀만 하겠다"고 한 그의 스피치는 30여 분이 지나서야 끝이 났다. 그분의 이미지는 서툰 스피치로 인해 낮을 '저(低)'를 뜻하는 '저명인사(低名人士)'로 전락하고 말았다.

글을 잘 쓴다고 말도 잘하는 것은 아니다. 글은 남이 대신 써줄 수도 있지만 말은 자신이 직접 해야 한다. 특히 대중 스피치는 기술을 요하며 그것이 인물 평가의 기준이 된다.

아무리 학식이 있고 인물이 잘나고 돈이 많다고 해도 스피치를 잘 못하면 평가절하되고 만다. 반면에 잘 알려지지 않았던 인물이라도 기회가 왔을 때 스피치를 잘하면 평가절상되는 것이 스피치다. 그 좋은 예가 스피치로 인정받고 대통령까지 된 링컨과 오바마가 아닌가.

스피치는 짧아야 각광받는다. 바쁜 현대인들은 장광설을 싫어한다. 짧은 스피치로 감동을 준 실례를 들어보자.

영국의 처칠 총리는 "졸업식에서 간단하게 한 말씀만 해달라"는 축사를 부탁받았다. 그는 무슨 말을 해야 젊은이들에게 꿈과 희망을 심어줄 수 있을까 고민했다. 마침내 그날 축사를 하기 위해 위엄 있는 차림으로 시가를 입에 물고 옥스퍼드대학의 졸업식장에 나타났다. 열광적인 환영을 받으며 연단에 올라선 처칠은 한동안 말없이 청중을 둘러보았다. 모두 숨을 죽이고 기대에 들뜬 눈빛으로 위대한 정치가의 스피치를 기다리고 있었다.

드디어 그가 입을 열었다.

"Don't give up!(포기하지 마라!)"

그는 작지만 힘 있는 목소리로 첫마디를 뗐다. 그러고는 다시 청중을 천천히 둘러보았다. 청중은 다음 말을 기다렸다. 그는 잠시 뜸을 들인 뒤 이번에는 좀 더 큰 소리로 말했다.

"Never give up!(절대로 포기하지 마라!)"

그리고 다시 뜸을 들인 뒤 이번에는 매우 큰 소리로 외쳤다.

"Don't you ever and ever give up!(무슨 일이 있어도 포기하지 마라)"

그러고는 더 이상 아무 말 없이 연단을 내려갔다.
청중석에서 누군가가 먼저 박수를 보냈다. 이어 그 소리는 점점 커졌으며 마침내 모두가 기립박수를 쳤다. 이런 경우를 촌철살인이라 하지 않던가.

명 스피커 4인방의 걸작 유머

대중 스피치에서는 유머도 짧아야 빛난다. 여기 짧고도 재치 있는 유머 4가지를 소개한다.

1. 링컨의 에피소드

링컨이 변호사를 하던 시절, 그는 강도 혐의로 재판을 받게 된 한 젊은이의 변호를 맡았다.

"피고는 한 번도 자기 농장을 떠나본 일이 없다고 합니다. 출생 이후 줄곧 농장의 일만 해왔다는 것이지요. 그런 피고가 먼 객지까지 가서 강도짓을 했다는 것은 믿기지 않는 일입니다."

링컨의 변호가 끝나자 검사가 링컨의 말꼬리를 물고 늘어졌다.

"피고는 출생 이후 한 번도 농장을 떠난 일이 없고 줄곧 농장 일만 했다고 말했는데, 그렇다면 피고의 나이 한 살 때 피고는 농장에서 도대체 무슨 일을 했다는 것입니까?"

검사는 '출생 이후 줄곧'이라는 말꼬리를 잡고 늘어진 것이다. 링컨은 즉시 응수했다.

"피고는 태어나자마자 젖 짜는 일을 했지요. 소의 젖이 아니라 어머니의 젖 말입니다."

방청객에서는 물론 판사도 웃음을 참느라 표정이 일그러졌고 피고는 무죄판결을 받았다.

2. 마크 트웨인의 에피소드

마크 트웨인이 어느 날 신문기자로부터 미국 국회의원의 도덕성에 관한 질문을 받았다. 사회 풍자로 사실주의 문학을 개척한 그는 망설임 없이 말했다.

"국회의원 아무개는 개자식이다."

며칠 후 이 말은 그대로 기사화되었고 미국 국회는 발칵 뒤집혔다. 국회는 마크 트웨인에게 사실 여부를 밝히거나 그렇지 않으면 잘못을 인정하는 성명문을 발표하라고 압박했다. 그러자 마크 트웨인은 〈뉴욕 타임스〉에 다음과 같은 성명문을 발표했다.

"얼마 전 내가 한 말은 타당하지도 않고 사실에 맞지 않다는 생각이 들었다. 그래서 오늘 성명을 통해 다음과 같이 정정한다. '미국 국회의 아무개는 개자식이 아니다.'"

3. 레이건의 에피소드

레이건 대통령은 모교인 유레카대학 졸업식에서 격려사를 이렇게 시작했다.

"내가 모교에 다시 온 것은 체육관에 있는 내 옷장을 정리하려고요. 그런데 이렇게 높은 영예를 주고 열렬하게 환영도 해주시니 저는 매우 감동을 받았습니다. 왜냐하면 내가 학교에 다닐 때는 공부가 제일이어야 영예로운 줄 알았는데, 공부는 잘 못했어도 영예로운 대접을 받을 수 있다는 걸 오늘에야 알았습니다."

그 순간 학생들은 폭소와 박수갈채로 화답했다.

4. 소크라테스의 에피소드

소크라테스의 아내 크산티페는 사납고 거센 여자였다. 그녀는 남편에게 자주 바가지를 긁으며 마구 욕을 퍼부었다. 그 장면을 목격하고 안타까워하는 사람들에게 소크라테스는 말했다.

"이런 아내를 얻으면 좋은 점이 많아요. 인내력 단련과 인격 수양도 되니까요. 그래도 나는 우리 집의 우두머리입니다."

때마침 크산티페가 그 말을 듣고 큰소리로 물었다.

"당신이 우두머리라고요? 그럼 나는 뭐예요?"

"당신은 목이지요!" 소크라테스가 웃으면서 말했다.

"왜 내가 목이요. 목은 머리 아래 있는 것이 아니요?" 하고 크산티페가 화를 냈다.

그러자 소크라테스가 차분하게 말을 이었다.

"머리가 목 위에 있지만 목을 왼쪽으로 돌리면 머리가 왼쪽으로 돌아가고, 목을 오른쪽으로 돌리면 머리가 오른쪽으로 돌아가지 않소?"

이 말을 들은 크산티페는 얼굴이 밝아지면서 "그건 그렇지!" 하고 집 안으로 들어갔다.

13
원고는 어떻게 사용해야 할까?

어떤 유형의 스피치가 좋을까?

6·25 한국전쟁 때 UN군 최고사령관으로 인천상륙작전을 지휘한 더글러스 맥아더 장군. 그는 84세의 나이로 사망하기 얼마 전에 웨스트포인트 사관학교의 졸업식에서 〈의무, 영예, 조국〉이라는 유명한 연설을 했다.

그는 병든 몸인데도 불구하고 늙은 군인의 목소리는 잔잔했고, 어투는 완벽했으며, 말은 시처럼 들렸다고 한다.

녹음된 그의 연설을 들어봐도 마치 고대의 음유시인이 서사시를 읊고 있는 것 같다. 어떻게 그렇게 할 수 있었을까? 맥아더 장군은 자신의 연설 원고를 직접 썼다. 하지만 고령의 나이는 시력을 약하게 만들었다. 연단에서 연설문을 보고 읽을 수 없다는 것을 알게 된 그는 문장 전부를 암기하였다. 실로 놀라운 기억력이다. 맥아더 장군은 기억에 의존해서 자신의 고별연설을 완벽하게 해냈다.

대중연사라면 원고 스피치나 개요 스피치, 암기 스피치, 즉흥 스피치 등의 상대적인 장점에 대해 생각해보았을 것이다. 역사적으로 잊히지 않는 위대한 연설과 우리 시대 유명한 연사들의 스피치 방법은 각각 다르다. 연설은 기교일뿐만 아니라 기술이기도 해서 연사들마다 각기 다른 방법을 사용한다.

그러나 모든 유명한 연사들을 다음 3가지 범주로 크게 나누어볼 수 있다. 그것들을 이해하면 당신은 어떤 스피치 유형을 선택해야 할지 방법을 알 수 있을 것이다.

1. 원고 작성 스피치

연륜도 있고, 세련되게 연설하는 연사들은 대부분 완전 원고를 항상 준비해 놓고 있는 사람들이다. 화면 프롬프터를 사용할 때도 마찬가지다. 미국의 재건왕 리 아이아코카는 침착하게 완벽한 원고를 사용한다. 그는 이렇게 말한다. "나는 언제나 원고를 사용합니다. 즉흥적으로 말하는 것은 내겐 지나친 낭비입니다."

2. 개요 작성 스피치

연사들 중에서 원고를 읽는 것처럼 보이지 않는 사람들이 있다. 이들은 능숙한 스피커들이다. 그들이 원고를 다 기억할 수 있는 것도 아니다. 그래서 그들도 친숙한 스피치 주제를 가지고 연설할 때에는 타협을 한다. 그들은 연설 원고 대신 개요를 써놓은 문장과 직접적인 인용문의 중요 단어, 통계수치 등을 적어놓는다. 그리고 이러한 예외와 함께 나머지 부분은 개요 형식을 빌려 연설을 구성할 수 있도록 중요한 단어만을 사용한다.

3. 암기에 의한 스피치

훌륭한 연사들은 때때로 한 가지 방법만 사용하는 것처럼 보이지만 다른 방법도 사용한다. 원고를 사용하지 않고 즉흥연설을 멋지게 하는 것처럼 보이면서 청중을 매료시키는 연사들이 특히 그렇다. 십중팔구 그들은 배우가 대사를 외우는 것처럼 연설문을 쓰고 한 글자 한 글자를 암기하는 데에 많은 시간을 쓴다.

이상의 3가지 방법 중에서 실수를 피할 수 있고 가장 무난한 것은 완벽한 원고를 만드는 것이다. 완벽한 원고란 사용하기 편하게 만드는 것을 뜻한다.

좋은 원고 작성을 위한 필수 단계 7가지

먼저 연설의 초안을 잡는다. 바람직한 것은 청중의 입장에서 명확하고 간결한 언어를 선택하는 것이다. 그리고 자연스러운 대화체로 쉽게 이해할 수 있는 구성을 하는 것이다. 만약 이렇게 했다면 원고 구성의 99%는 끝난 것이다. 하지만 스피치 원고를 좀 더 다듬을 수 있는 몇 가지 방법이 더 있다. 훌륭한 원고의 기초를 만들어내기 위한 7가지 필수 단계는 다음과 같다.

1. 시간 절약을 위해 워드 프로세서를 사용하라

초안 작업은 워드 프로세서를 이용하라. 그러면 글자 크기와 형식을 바꿀 때마다 전체 원고를 다시 손보는 번거로움을 없앨 수 있다. 이것은 마지막 편집이나 원고를 쓸 때 시간낭비를 최소화할 수 있는 방법이다.

2. 보기 쉬운 양식이나 크기의 글자를 선택하라

사람의 시력은 제각각 다르다. 대부분의 연사들이 특별히 스피치 원고를 위해 만들어진 큰 글씨 타입을 선호한다. 어떤 사람들은 자신이 가장 편하게 읽을 수 있는 자신만의 글씨체를 만들기도 한다. 당신이 어떤 스타일을 선택하든 원고 전체를 큰 글자로 쓰지는 말아라. 눈으로 읽고 특정 부분을 강조하는 데에 어려움이 따른다.

3. 당신에게 편리한 행간을 선택하라

개인마다 취향은 다 다르지만 황금률이 있다. 한 문단 내에서는 1.5줄씩 띄고, 각 문단 사이는 그 두 배를 띄는 게 좋다.

4. 여백은 넉넉하게 남기도록 하라

이렇게 하는 데는 두 가지 이유가 있다. 원고에 쓰이는 가로 글의 길이를 짧게 잡아 한 줄당 글자 수가 많지 않게 편집해서 그것을 읽으려고 한쪽 끝에서 다른 한쪽 끝까지 헤매고 다니지 않게 해야 한다. 또한 깨끗하고 넓은 여백은 마지막 순간까지 수정할 수 있는 부분을 위해 남겨두도록 한다.

5. 원고를 묶지 말고 번호를 매겨두도록 하라

번호가 매겨져 있으면 원고를 순서별로 놓는 데 별 어려움이 없다. 그러나 원고를 묶어 놓으면 원고를 넘기는 것에 문제가 생길 수 있고 스피치 시간도 두 배가 들 것이다. 스피치 도중에 다 읽은 원고를 한 쪽에 놓는 대신에 각 장이 끝날 때마다 원고를 손으로 잡고 있게 되면 연설의 흐름을 방해할 뿐더러 생각의 흐름도 방해받게 된다. 그러므로 클립을 사용하여 원고를 묶어 놓았다가 연단에 도착하면 빼버려라.

6. 페이지의 양쪽을 다 사용하지 마라

페이지의 양쪽에 원고를 작성하면 당신이 페이지를 넘기면서 거기에 무엇이 쓰여 있는지 찾기 위해 멈출 때마다 스피치의 흐름을 놓치게 된다.

7. 페이지마다 완벽한 문장으로 끝내라

더 좋은 것은 완벽한 문단으로 끝내는 것이다. 한 페이지 내에서 자신의 생각을 완벽하게 정리하는 게 좋다. 그러면 스피치 도중에 잠깐 쉴 수 있어 연설에 해가 되기보다는 이득이 된다. 한 페이지 내에서 생각이 중단된 채 끝나게 되면 연설 흐름에 방해가 된다. 단어가 끊어지면 더 나쁘다.

14
인기 있는 강연엔 유머가 있다

인기 있는 강연이란 어떤 것일까

요즈음 다양한 강연회가 개최되고 있어 화제다. 학술강연회, 시국강연회, 통일강연회, 건강강연회, 주식강연회, 조찬강연회 등을 비롯하여 청춘콘서트, 희망콘서트, 행복콘서트······.

강연회에서 인기를 끌어 스타가 된 인물도 많다. 노자(老子) 강연의 김용옥, 청춘콘서트의 안철수, 희망콘서트의 법륜, 그밖에 샛별처럼 등장했다가 별똥별처럼 사라지는 반짝 인기스타도 많다.

강연이란 연사가 입말을 주요 수단으로, 몸말을 보조수단으로 하여 광범한 대중을 대상으로 어떤 한 문제에 대해 자신의 견해를 발표하거나 또는 어떤 사리를 상세하게 따져 설명하는 정보 제공의 스피치를 뜻한다. 그래서 강연회는 자칫 딱딱하고 지루하기 일쑤인데, 어떤 강연회가 인기를 끌었다면 그 강연에는 유익한 내용과 함께 흥미를 유발하는 유머가 있었기 때문이다.

강연의 성패는 특히 서두에서 유머를 어떻게 사용하느냐에 따라 좌우된다고 해도 과언이 아니다.

한 젊은 강사가 대학생들에게 인재의 성장에 관한 강연을 할 때 이렇게 시작했다.

"학생 여러분! 이 강당의 연단에 서 있어야 할 분들은 인생을 달관한 원로나 저명인사와 같은 큰 인물이어야 합니다. 그런데 저와 같은 햇병아리가 이 자리에 서 있으니 너무 어울리지 않습니다. 하지만 나는 러시아의 문호 체호프의 명언을 아주 좋아한답니다. '세상에는 큰 개도 있고 작은 개도 있다. 작은 개는 큰 개의 존재로 말미암아 당황하고 불안해할 필요가 없다. 모든 개는 다 짖는다. 작은 개도 큰 소리로 짖을 수 있다. 하느님이 준 목소리로 짖으면 될 것이다.' 오늘 이 자신감 있는 작은 개가 대담하게 몇 번 짖어보려고 합니다."

그의 말이 끝나기 바쁘게 우레와 같은 박수소리가 터졌다.

이번에는 한 원로의 강연의 경우다. 그는 입을 떼자마자 이렇게 물었다.

"여러분, 제가 무엇을 강연하려는지 아십니까?"

사람들은 이구동성으로 "모릅니다"라고 대답했다. 그러자 그는 "아니, 당신들은 내가 무얼 이야기하는지도 모른다고요? 이 지경으로 무식하다면 내가 구태여 이야기할 필요가 어디 있겠소!" 하더니 그냥 연단에서 내려와 버렸다.

이튿날 그는 연단에 올라서자 또 물었다.

"여러분, 제가 무엇을 강연하려는지 아십니까?"

청중들은 교훈을 얻었는지 일제히 대답했다.

"알겠습니다."

그러자 그는 "좋아요, 당신들이 이왕 알고 있다면 내가 무엇을 더 이야기하겠습니까? 다시 반복할 필요가 없지 않겠습니까?"라고 하더니 다시 또 그냥 연단을 내려왔다.

그런 일이 있고 나자 청중들은 이번에는 일부 사람은 안다고 대답하고, 다른 일부 사람들은 모른다고 대답하자고 서로 약속하였다. 그 이튿날 그는 또 연단에 올라섰다. 그가 전날과 똑같은 물음을 던지자 청중들은 두 부류로 나뉘어 일부는 "알고 있습니다", 다른 일부는 "모릅니다"라고 대답했다.

답변을 듣고 난 그 원로는 웃음을 짓더니 "그럼 좋아요, 알고 있는 사람들이 모르는 사람들에게 알려주도록 하게"라고 말하고는 지난번처럼 또 연단을 떠나버렸다.

이 같은 경우는 선의적인 유머와는 거리가 너무나 멀다. 이 원로는 궤변의 연극을 연출한 것이다.

유머를 사용할 때 2가지 주의점

강연의 유머는 서두와 끝맺음에서 적절히 사용하는 여러 가지 언어 기교에 포함되지만 두 가지 주의해야 할 문제점이 있다.

1. 유머는 준비가 필요하다

강연할 때 사용하게 되는 우스갯소리나 유머러스한 이야기 또는 재미있는 예화 등의 소재는 가급적이면 강연 전에 완벽하게 외워 둬야 강연에서 자유자재로 응용할 수 있다. 떠듬거리며 하는 유머가 어느 정도 감화력이 있겠는가는 상상만으로도 알 수 있다.

우리가 즐겨보는 코미디 프로그램의 개그맨들은 묘한 말을 술술 잘한다. 그들이 그런 재능을 선천적으로 타고난 것 같지만 사실 그들도 미리 대본을 애써 외워서 관객에게 선보이는 것이다. 강연은 연극이 아니지만 마음에 계획을 담아 둬야 한다. 그래야만 함부로 말하거나 주제와 아무 상관도 없는 말을 내뱉는 실수를 피할 수 있다. 강연이 성공할 수 있는 기초는 충분히 준비하는 것이다.

일본의 전 총리 다나카 가쿠에이(田中角榮)는 강연 연습을 위해서라면 어떠한 기회도 놓치지 않았다. 언젠가 한 번은 그가 연설을 하는데 청중은 단 세 사람, 할머니와 며느리 그리고 손자였다. 하지만 그는 세 사람을 삼천 명으로 보면서 심혈을 기울여 최선을 다하는 강연을 펼쳤다. 마침내 그는 세 명의 청중을 감격하게 만들었다.

2. 유머는 간결해야 한다

강연에서 사용할 유머가 강연의 주제와 직접 관련된 것이라면 그것은 최상급이다. 강연 중에 주제와 직접적인 관계가 없는 유머를 임시로 삽입하는 경우가 있는데, 이것을 '삽입식 유머'라고 한다. 삽입식 유머는 흔히 강연 분위기를 밑받침하는 역할을 한다.

미국 비행기 연구의 선구자인 라이트 형제는 1903년 역사상 처음으로 동력비행기를 조종하여 인류 최초의 지속적인 비행에 성공했다. 비행 후 얼마 지나서 그들 형제는 유럽으로 여행을 갔다. 프랑스에서 그들을 축하하는 연회가 열렸는데 형제는 각계 유명 인사들이 모인 자리에서 연설을 청탁받게 되었다. 그러자 형인 윌버 라이트가 자리에서 일어나 마지못해 한마디 했다.

"제가 알기에는 새들 중 오직 앵무새만이 말을 할 줄 압니다. 하지만 앵무새는 높이 날지 못한답니다."

이 짧은 한마디 강연은 오랫동안 박수갈채를 받았다.

유머는 임기응변에 능한 사람이 사용할 때 빛을 발한다. 하지만 유머가 너무 수다스럽게 길어지면 청중에게 싫증을 자아낸다. 이 말 저 말 주워섬기듯 말하는 방식은 유머 언어에서 금기 사항이다. 지루하고 답답한 강연은 청중을 졸게 하거나 자리를 뜨게 한다. 그렇다고 해서 유머를 위한 유머로 강연 내용을 채워서는 안 된다.

15 왜 유머를 사용하는가?

설득엔 유머의 힘이 크다

유머가 각광받는 시대이다 보니 말하는 이, 즉 화자(話者) 입장에서는 누구나 유머를 사용하고 싶어 한다. 유머를 사용하려고 하지 않는 화자는 드물다.

유머를 효과적으로 사용하면 지루한 언어를 반짝이는 아이디어로 만들고, 재미없는 이야기를 신선하게 만들 수 있으며, 상대의 잘못을 넌지시 일깨워 기분 좋게 고칠 수도 있기 때문이다.

그런가 하면 듣는 이, 즉 청자(聽者)의 대부분은 가르침을 받고자 하는 욕구보다는 즐거움을 누리려는 욕구가 강하다. 따라서 듣는 이를 자극하는 익살이나 친근하고 재미있는 이야기 등으로 그들을 미소 짓게 만든다면 주의와 관심을 연사에게 집중시킬 수가 있다.

유머가 인간관계를 원만하게 만들고 상대를 변화시키는 힘이 있다는 것을 알게 된 것은 어제 오늘의 일이 아니다. 특히 자신보다 높은 지위에 있는 사람이나 많은 청중을 설득하고자 할 때 유머만큼 유리한 것도 없다.

중국 삼국시대 어느 해인가 촉(蜀)나라에 큰 가뭄이 들었다. 그러자 유비(劉備)는 양식을 절약하기 위해 술 빚는 것을 금지시키고 술을 빚는 자를 엄하게 처벌하도록 했다.

지방관리가 어느 집에서 술을 빚는 도구들을 수색해냈다. 그리고 그 집주인을 법에 따라 처벌해야 한다고 했다. 유비도 집주인이 벌을 받아 마땅하다고 여기고 있을 때였다.

유비는 친구인 간옹(簡雍)과 함께 산책하게 되었다. 그때 앞에 남녀가 걸어가는 것을 보고, 간옹은 유비에게 말했다.

"저 두 사람은 틀림없이 간통합니다. 마땅히 처벌해야지요."

유비는 영문을 몰라 간옹에게 물었다.

"당신이 그걸 어떻게 알 수 있소?"

"두말할 것도 없지요. 저 두 사람은 모두 생식기가 있지 않습니까? 술 빚는 기계가 있는 사람을 술 빚은 죄로 처벌한다면 생식기가 있는 사람도 음란죄로 처벌해야지요!"

이 말을 들은 유비는 웃음을 터뜨리며 명을 내려 술 빚는 도구의 주인을 석방하게 하였다. 간옹은 우스갯소리로 유비를 깨닫게 함으로써 억울한 사건을 간단하게 해결했다.

춘추전국시대 제(齊)나라의 재상 안영(晏嬰)은 화술이 뛰어난 인물이었다. 제나라의 임금 경공(景公)은 지나치게 혹형을 남용하였다. 걸핏하면 명을 내려 발을 찍어버리게 했다.

어느 날 경공이 안영에게 이런 질문을 했다.

"당신은 시장 가까이에 산다고 했으니 요즘 시세가 어떤지 잘 알겠구먼."

그러자 안영이 기다렸다는 듯이 대답했다.

"듣자니 신 값은 매우 싸지고, 가짜 발이 매우 비싸졌답니다."

경공은 깜짝 놀란 후 사색에 잠겼다. 자신이 혹형을 남용해서 생긴 결과에 대해 문득 깨달은 것이다. 그는 그 이후부터 다시는 혹형을 남용하지 않았다.

다른 사람의 엄중한 착오를 발견했을 때 단도직입적으로 말하기는 곤란하다. 이때 우스갯소리로 묘하게 권유한다면 듣는 이는 그 뜻을 깨닫게 되고 체면도 깎이지 않게 된다.

유머를 사용하는 4가지 목적

1. 주의를 끌고 지속시키기 위해서

듣는 이는 말하는 이의 말을 들으려고 앉아 있지만 산만하다. 앉아 있는 의자가 편안한지, 옆에 누가 앉았는지, 집에 늦게 들어가면 아내가 뭐라고 하지는 않을까. 이렇듯 자신에 관한 생각에 사로잡혀 있는 사람들이 있다.

경험 있는 화자는 청자의 주의를 집중시키고 관심을 끌기 위한 계획을 세운다. 그 계획들 중에 유머만큼 효과적인 것도 드물다. 유머가 적절하고 주제와 관련 있는 것이라면 그 유머는 화자의 아이디어를 청자에게 이해시키는 데 도움이 된다.

2. 타인의 호의를 얻기 위해서

처음 만나는 자리라면 듣는 이는 말하는 이의 모습에 호기심과 의심의 감정을 동시에 가진다. 그것은 화자가 '누구인가'에 관한 호기심과 함께 '무슨 말을 할 것인가' 또는 '과연 잘할 것인지, 못할 것인지'에 대한 의심이다.

말하는 이의 친절한 성품과 유머감각은 의심을 빨리 완화시켜주고 처음부터 호의를 갖게 해준다. 특히 유머의 대상이 말하는 이와 관련 있는 이야기라면 듣는 이를 기쁘게 하고 듣는 이의 마음속에 친근함을 심어 준다.

3. 상대를 설득하기 위해서

인간은 이성적 동물이라고 했지만 대부분의 사람들은 두뇌보다 감정을 더 많이 이용한다. 그러므로 말하는 이가 유머를 잘 이용하면 듣는 이를 보다 강력하게 설득할 수 있다.

훌륭한 유머는 우리에게 즐거움을 준다. 유머는 그룹의 사람들을 통합시키거나 양분시키기도 한다. 유머를 통해 그들에게 일체감을 갖게 하면 그들은 동지애를 느껴 하나로 연결된다. 하나로 연결된 사람들을 설득하기가 더 쉽다.

4. 예상치 못한 사건이 발생했을 때

때때로 예상치 못한 사건이 일어난다. 갑자기 전기가 나가거나 스피커가 끽끽 울리기도 하고, 아이가 울면서 연단으로 올라올 때도 있고 야유가 나오기도 한다. 만일 이런 돌발사태가 생기면 장내는 소동이 일어나서 스피치를 망치기 십상이다.

이러한 때 적절한 유머를 던진다면 듣는 이들을 조용하게 할 수 있으며 다시 그들의 주의를 끌 수 있다. 그런 상황에 대비하기 위해 프로 연사들은 말대꾸를 준비한다. 특히 직업적인 정치가들은 야유하는 사람들의 공격에 대응할 수 있는 말의 소재를 많이 갖고 있다는 사실을 기억하라.

16 유머 사용의 포인트와 시간대

유머로 시작해야 한다는 병

"만약 유머가 없다면 인생은 긴 의회 기록이나 마찬가지가 될 것이다."

1900년대 초, 미국의 잡지 편집자 탐 메슨이 한 말이다. 이 말을 바꾸어서 "유머가 없는 스피치는 딱딱한 교과서 낭독과 같다"고 하면 어떨까? 유머러스한 사람이 각광받는 시대다. 스피치에 있어서 유머의 효용가치를 모르는 사람은 없으리라.

그래서 그런지 초보 연사들이 흔히 갖게 되는 병이 '유머로 스피치를 시작해야 한다'는 잘못된 생각이다. 그들은 유머로 스피치를 시작해야 성공이 보장된다는 환상에 사로잡혀 있는 것 같다.

유머로 시작해야 한다는 이런 환상이 널리 퍼져 있어서 그런지 유머는 사업적인 목적에도 잘 이용된다. 잡지나 신문을 보면 '토막 유머'라는 칸이 있지 않은가. 이런 기성품 유머도 사용 여하에 따라서는 훌륭한 유머가 될 수 있다.

유머는 양날을 지닌 칼과 같다. 유머로 청중의 신경을 잘못 건드리게 되면 연사도 상처를 입는다. 상황에 맞는 적절한 유머나 농담, 인용구는 연사에게 가치 있는 스피치 도구다. 그것은 청중에게 기쁨을 주고 분위기를 고조시킨다. 그것은 청중의 긴장을 완화시켜서 연사의 스피치에 대한 저항감을 약화시켜 주기도 한다. 그러므로 당신은 유머를 신중하게 선택해야 한다.

반드시 기억해야 할 것은 유머는 마치 총과 같다는 점이다. 그러므로 당신이 유머를 발사하기 전에 조준점을 정확히 알아야 한다. 스피치에 유머를 사용하는 것은 단순히 웃기는 문제가 아니다. 유머는 상황이나 주제에 맞아야 할 뿐만 아니라 연사와 그의 스타일, 개성에도 맞아야 한다.

보다 중요한 것은 유머가 청중에게 맞아야 한다는 것이다. 연사와 청중의 관계도 고려되어야 한다. 특별한 청중 앞에서 유머를 사용할 때에는 피해야 할 것이 있다. 정치나 종교, 인종이나 성별, 장애 등과 관련한 민감한 화제에서는 유머 사용에 특별히 신중을 기해야 한다.

신문, 잡지나 인터넷에 떠도는 유머를 선택하는 것은 맞춤이 아닌 기성품의 옷을 사는 것과 마찬가지다. 유머의 질이 아무리 좋다 해도 사용하기에 적절하지 않으면 아무 소용이 없다. 따라서 선택한 유머가 아무리 마음에 든다고 해도 다음의 4가지 포인트에 맞지 않는다면 사용하지 않는 것이 좋다.

1. 유머는 청중의 기호, 연설의 주제와 관련 있어야 한다.

2. 유머는 주제가 있는 것이어야 하며, 새로운 것이어야 한다.

3. 유머는 일반적이며 장황하지 않아야 하고, 짧고 요점에 적절해야 한다.

4. 유머는 청중이나 말하는 연사 모두에게 편안함을 주어야 한다.

아무리 당신의 마음에 드는 유머라고 해도 위의 4가지 조건에 맞지 않는다면 사용하지 마라. 언젠가 다른 장소에서 다른 청중을 대상으로 연설할 때 그것을 사용할 수도 있을 것이다. 그러나 지금은 아니다.

유머 사용에 적절한 때가 있다

모든 것이 다 그렇지만 유머 사용에도 적절한 때가 있다. 체내시간(body time)이 유머에 영향을 미치기 때문이다. 당신이 알고 있든 모르고 있든 숙련된 연사들은 수많은 경험으로 이미 알고 있다.

'청중은 하루 중 각각 다른 때마다 다른 감정과 정서를 보인다.'

유머의 효과에 영향을 주는 시간대는 크게 네 부분으로 나눌 수 있다. 그러므로 각각의 시간대마다 유머를 사용할 전략적 접근법이 필요하다.

1. 새벽은 황폐한 시간대이다

조찬 모임에서 스피치를 하고 싶어 하는 연사는 거의 없다. 아무리 훌륭한 청중이라도 여전히 잠에서 반쯤 깨어 있는 상태일 것이다. 그런 반수면 상태에서는 주의를 집중할 수 있는 시간이 짧고 감각도 흐려지기 마련이다.

조찬 시간에 앉아 있는 사람들의 마음은 한 잔의 커피와 빵 한 조각에 가 있기 마련이다. 그러므로 스피치뿐만 아니라 유머도 짧고 간단해야 한다. 스피치 서두에 간단히 청중을 깨울 수 있는 말장난을 사용하면 약간의 활기를 불어넣을 수 있다.

그러나 현학적인 것만은 제발 삼가주기를 바란다. 유머는 한 방 먹이는 것처럼 간단해야 한다.

2. 정오는 에너지가 높은 시간대이다

점심 만찬에서 스피치할 때는 청중들이 가장 높은 에너지를 가지고 있을 때다. 그들은 오전 몇 시간 동안 최고 속도로 일해 왔고 두뇌를 최대한 회전시켜왔다.

이제 그들은 자극적이고 재미있는 휴식시간을 원한다. 그들은 웃고 재미있기를 바란다. 연사가 정오 시간에 조심해야 할 유일한 것은 청중이 계속해서 일해야 한다는 사실이다. 현명한 사고를 유발시키는 유머를 사용하는 것은 괜찮지만 너무 오래 끌지는 마라.

3. 저녁은 행복한 시간대이다

행복한 시간대는 칵테일 시간이 시작될 때부터 끝날 때까지다. 스피치하기 가장 좋은 시간은 식전에 마시는 술과 식후에 마시는 술 사이에 있는 시간이다.

하루의 일과는 끝났다. 청중은 첫 번째 칵테일을 음미하며 여전히 재미있는 말에 열중한다. 더 이상 바랄 것이 무엇인가. 행복한 시간대에는 연사가 가지고 있는 재미있고 실질적인 모든 것을 그들에게 줄 수 있다.

4. 늦은 밤은 휴식의 시간대이다

불행하게도 유머를 하기에는 하루 중 좋은 타이밍이 다 지나가고 말았다. 밤 10시쯤 되면 연설장에 앉아 있는 사람들의 머릿속에 켜져 있는 빛이 꺼져가기 시작한다. 식사와 술은 만족스러웠고 과식을 한 경우도 있을 것이다. 청중의 마음은 집으로 돌아가 쉬고 싶어 한다.

이때는 주의력이 깊은 청중이라 해도 너무 긴 스피치나 철학적인 유머를 소화하기 힘들 것이다. 그러므로 연사는 스피치의 길이를 자르고 듣는 이의 부담감을 줄이도록 노력해야 한다. 그러니 이 시간대에는 간단하게 끝을 맺어라.

17
스피치의 마무리는 이렇게 하라

적당한 시간에 스마트하게 끝내라

스피치는 사랑과 비슷하다. 어떤 바보라도 시작은 할 수 있지만 제대로 끝내려면 재능이 요구되기 때문이다. 스피치 기술에서 가장 필요한 부분은 끝맺음, 즉 마무리다.

스피치의 마무리는 연사의 에너지가 마지막으로 분출하는 시점이며, 마지막 말은 연사가 승자로서 스피치를 성공적으로 끝마치는 결승점에 해당한다.

연사가 최후의 승부라 할 수 있는 마무리를 애매모호하게 맺으면 스피치의 효과는 반감한다. 용두사미라고 하지 않던가. 초반에 아무리 잘했어도 연사가 끝맺음에 가서 인상적인 스피치를 하지 못하면 복싱 선수가 라운드 초에 포인트를 벌어놓고도 후반에 주먹을 쓰지 못해 감점당하는 것과 같다.

훌륭한 스피치를 위해서는 적당한 시간에 스마트하게 마무리할 줄 알아야 한다. 그럼에도 불구하고 많은 연사들이 마무리를 잘하는 요령이 부족해서 훌륭한 스피치를 전개하고도 실패를 맛보는 경우가 있다. 여기 적당한 시간에 마무리를 제대로 못해 훌륭한 스피치를 망친 실화를 소개한다.

모금운동을 하던 한 목사가 자신이 아프리카에서 펼친 선교 활동을 장황하게 이야기하고 있었다. 청중 가운데 한 사람인 미국 문학의 거장 마크 트웨인은 너무나 감동을 받은 나머지 모금함에 50센트만 넣으려던 마음을 바꾸어 1달러를 넣으려고 했다.

목사의 선교 활동 이야기는 계속되었고, 마크 트웨인의 감동도 계속 이어지고 있었다. 그가 다시 생각한 3달러의 기부 금액이 다시 5달러로 상향조정되었고, 마침내 모금함이 눈앞 가까이에 왔을 때 그는 10달러까지 넣으려고 생각했다. 선교 활동에 관한 설교는 절정에 이르렀고, 트웨인은 너무 감동을 받아 눈물까지 흘릴 정도였다. 그는 자신이 갖고 있던 현금이 충분하지 않다고 생각하고 주머니에서 수표책을 꺼냈다.

그런데 신이 난 목사는 설교를 끝낼 줄을 몰랐다. 5분이 더 지나자 트웨인은 조금 지루해지기 시작했다. 그는 수표책을 슬그머니 도로 집어넣었다. 또 5분이 지나자 그는 10달러도 너무 과분하다고 생각했다. 다시 또 10분이 지났을 때 트웨인은 1달러면 기부금으로 충분하다고 마음을 먹었다. 그런데도 목사는 10분을 더 떠들어댔다. 마침내 설교가 끝나자 트웨인은 10센트를 모금함에 넣고 문을 향해 돌진했다.

　감동적인 스피치로 청중의 심금을 울려놓고도 적당한 시간에 스마트하게 마무리 짓지 못하고 장광설만 늘어놓다가 이미 벌어놓은 스피치까지 망치고 말았으니, 이 얼마나 안타까운 일인가.

스피치 마무리를 쉽게 하는 7가지 방법

　사회과학자들에 따르면 사람들은 마지막에 들은 말을 가장 잘 기억하는 경향이 있다. 스피치를 마무리하는 가장 균형적인 방법은 스피치의 처음과 연결시키는 것이다.

　그러면 결론에서 자연스럽게 중심 테마를 빠트리지 않고 말할 수 있다. 당신의 스피치를 성공시키고 싶다면 다음과 같은 마무리 방법을 알아두는 것이 좋다.

1. 마무리하겠다는 것을 알린다

　마무리할 시간이 되었다는 것을 청중에게 알리면 청중은 멋진 피날레를 기대하며 더 집중하기 마련이다.

　"여러분, 결론적으로 저는 이렇게 말씀드리고 싶습니다 (…)."

　"결론적으로 저는 이것 한 가지를 더 강조하고 싶습니다 (…)."

2. 요약하며 끝을 맺는다

긴 연설에서 유효한 방법으로, 바로 앞서 말한 내용을 요약하며 끝맺는 방법이다.

"여러분, 저는 지금까지 앞으로 우리가 나아가야 할 새로운 방향에 대해 말씀드렸습니다. 결론적으로 요점만 다시 한 번 말씀드리겠습니다. 첫째……. 둘째……. 셋째……."

3. 인용구를 사용한다

속담, 격언, 시 등을 마무리에 인용하면 결론을 강화할 수 있다. 마틴 루터 킹은 〈나에게는 꿈이 있습니다(I have a Dream)〉라는 역사적인 연설의 마무리를 종교적 용어로 환기시킴으로써 끝을 맺었다.

"드디어 자유다, 드디어 자유다, 하나님의 전능에 감사합니다. 드디어 우리는 자유다."

4. 감정에 호소한다

훌륭한 연사는 마무리할 때 연설의 핵심만을 되풀이하지 않는다. 청중에게 행동을 불러일으키는 요청, 즉 '호소'라는 무기를 사용해 메시지를 강화한다.

"저는 우리의 밝은 미래를 위해 여러분에게 호소합니다. 이 제안을 긍정적으로 검토해주십시오. 이 제안서는 철저한 시장분석을 기초로 했습니다. 우리가 용기를 내어 적극적으로 대처한다면 지금의 형세를 역전시켜 성공할 수 있습니다. 여러분의 단합된 힘을 보여주십시오."

5. 강렬한 말로 여운을 남긴다

강렬한 결론이 청중을 사로잡는다. 결론에서 말하는 것이 청중의 마음속에 가장 오래 남는다. 청중이 박수를 보내는 이유 중 90%는 바로 강렬한 마무리 때문이다.

"자유가 아니면 죽음을 달라."(패트릭 헨리)

"노병은 결코 죽지 않는다. 다만 사라져 갈 뿐이다."(더글러스 맥아더)

"우리 모두 정상에서 만납시다."(지그 지글러)

6. 최상이 되기를 요구한다

이 방법은 최고를 원하는 청중에게 동기부여하는 데에 적용할 수 있다.

"저는 간단한 퀴즈로 마무리하려고 합니다. 대서양을 최초로 횡단한 사람은 누구인가요? 찰스 린드버그, 맞습니다. 최초로 우주를 비행한 사람은 누구인지 아십니까? 유리 가가린입니다. 최초로 달에 착륙한 사람은 누구인지 아시죠? 닐 암스트롱. 하지만 그 뒤로 누가 달에 발을 내디뎠는지에는 관심조차 없습니다. 바로 이것입니다. 사람들이 우리를 기억하게 하려면 최고가 되는 길뿐입니다. 우리 모두 최고가 되도록 노력합시다."

7. 행동을 촉구한다

아주 강력한 결론은 청중에게 행동을 촉구하는 것이다. 이때 실행할 수 있는 보다 자세한 요구가 필요하다. 다음은 〈4·19 선언문〉의 마지막 부분이다.

"보라! 갖가지 부정과 사회악이 민족적 정기의 심판을 받을 때가 왔다. 이제 우리는 대학의 엄연한 양심으로 일어나노니, 총칼로 저지 말라. 우리는 살아 있다. 동포의 무참한 살상 앞에 안일만을 탐할쏘냐? 한숨만 쉴쏘냐? 학도여! 우리 모두 정의를 위하여 총궐기하자!"

스피치의 서두와 마찬가지로 스피치의 마무리도 치밀하게 계획되어야 한다. 말의 선택은 무기의 관리만큼 중요하다. 모든 스피치는 끝날 때 청중에게 의심의 여지를 남기지 않는 말을 필요로 한다.

Chapter 2
명사들은 유능한 스피커다

01
혁신적 이론가 링컨의 스피치

바닥 인생에서 정상에 오르기까지

세계인의 존경을 받고 있는 역사적 인물 에이브러햄 링컨은 상식적으로는 크게 성공할 수 없는 열악한 환경에서 태어났음에도 불구하고 수많은 실패를 딛고 어떻게 오뚝이처럼 일어나 미국의 대통령이 되었는가.

링컨은 1809년 가난한데다가 문맹자 부모를 둔 농민의 가정에서 아들로 태어났다. 여덟 살 때 생모를 여의었으며 집안이 너무 가난해서 농사꾼, 벌목공, 뱃사공, 상점 점원, 시골 우체국장 등 온갖 일을 다 해보았다. 그는 정규 교육을 18개월밖에 받지 못했지만 현명하고 자애로운 새어머니의 지도와 독학으로 스물여덟 살에 변호사가 되었다. 그가 내세울 경력이라고는 연방 하원의원을 한 번 한 정도이다.

이렇듯 변변치 않은 경력의 소유자인 그가 대통령이 될 수 있었던 원동력은 무엇일까? 링컨의 힘은 한마디로 스피치다. 그는 대중연설가로, 토론가로, 유머 대통령으로 사람들을 즐겁게 했고, 깨우치게 했으며, 영감을 불러일으켰다. 이번에는 스피치 측면에서 링컨을 조명해보자.

링컨이 사람들 앞에서 말하기를 좋아했다는 점을 미루어 생각해 보면 성공하기 위해서는 말을 잘해야 한다는 것을 그는 일찍부터 깨달은 것 같다. 그는 어린 시절 또래의 아이들을 모아놓고 말하기 연습을 했으며, 말 잘하는 사람들의 연설을 듣고 흉내 내는 것을 즐겼다.

그는 48km나 떨어진 법원까지 걸어가서 변호사들이 치열하게 논쟁하는 변론을 들었다. 이웃 마을에 가끔 나타난 선교사의 열정적인 설교를 들었을 때에는 그를 모방해 두 팔을 쫙 벌리고 큰 소리로 스피치 연습을 해 사람들의 웃음거리가 되기도 했다.

그러나 이렇게 연마한 스피치가 링컨에겐 무기가 되었다. 그 덕분에 그가 변호사가 되었을 때에는 뛰어난 화술로 비상한 인기를 끌 수 있었다. 그리고 정치적인 야망을 가지고부터는 라이벌을 약하게 하거나 물리칠 수 있는 위력 있는 무기로 스피치 파워를 활용했다. 무명이었던 그는 라이벌들을 말로 공격하고 비판하는 글을 써서 신문에 투고하기를 즐겼다. 이런 노력 끝에 링컨의 이름이 널리 알려지기 시작했으며, 그는 1847년 연방 하원의원으로 당선되었다. 그러나 하원의원 생활은 한번을 끝으로 다시 변호사 생활로 돌아갔다.

1858년 링컨은 일리노이 주 상원의원 선거에 입후보하여 현역 의원인 민주당의 스티븐 더글러스와 치열한 논쟁을 펼쳤다. 이를 계기로 링컨은 전국적 유명세를 탔다.

당시 더글러스와의 공개 논전에서 링컨은 "분단된 집은 존속할 수가 없습니다. 나는 이 정부가 반은 노예, 반은 자유의 상태에서는 영구히 지속될 수 없다고 믿습니다"라는 유명한 연설을 했다. 그리고 더글러스의 인민주권론을 비판했다. 비록 링컨이 선거에서 패했으나 7회에 걸친 공개토론으로 그의 명성은 미국 전역에 알려지게 되었다. 1860년 대통령 선거에서 그는 공화당의 대통령후보로 지명을 받아 마침내 당선되었다.

링컨의 대표적인 스피치는 그가 게티스버그 국립묘지 봉헌식에서 한 연설이다. 그는 "국민에 의한, 국민을 위한, 국민의 정부"라는 불멸의 언어로 후세 사람들에게 여전히 살아 있다.

명 스피커가 되기 위한 4가지 조건

링컨은 훌륭한 인격, 혁신적 이론, 해박한 지식, 풍부한 체험에서 우러난 스피치로 대중의 신임과 존중을 얻어 위대한 대통령이 되었다. 링컨의 성공 비결을 토대로 명 스피커가 되기 위한 4가지 조건을 구체적으로 알아보자.

1. 훌륭한 인격을 갖춰라

링컨은 타의 모범이 되는 인격자였다. 이렇듯 명 스피커는 인격자

여야 한다. 훌륭한 인격자란 어떤 사람을 말하는가? 올바른 생각과 언행으로 모범적인 삶을 사는 사람이다. 꽃에 향기가 있듯이 사람에게도 향기가 있다. 사람의 향기가 바로 인격이다. 아름다운 꽃이라 해도 악취가 난다면 아무도 가까이하지 않듯이 제아무리 인물이 좋고 말을 잘한다고 해도 표리부동한 사람을 믿을 이는 없다.

대중은 시종일관 언행이 일치하는 연사를 신뢰하고 따른다. 빛 좋은 개살구처럼 말만 잘하는 사람이 행세하던 시대는 지났다. 그러므로 명 스피커가 되려면 스피치 기술을 습득하기에 앞서 인격적 수양을 쌓아야 한다.

2. 혁신적 이론을 갖춰라

링컨은 노예해방을 내세운 혁신적 이론가였다. 명 스피커는 이론가여야 한다. 사물의 이치를 설명하는 단순한 논리가 아니라 새로운 방안을 제시할 수 있는 혁신적인 이론가여야 한다.

명 스피커는 자신의 사상을 대중에게 설명하고 그들을 일깨워서 행동하게 만든다. 고대 그리스의 웅변가 데모스테네스의 "아테네 시민이여 일어나라!", 미국 독립운동가인 패트릭 헨리의 "자유가 아니면 죽음을 달라", 윈스턴 처칠의 "피와 땀과 눈물" 등 모든 연설의 목적은 대중을 감화시켜 결집시키고 집단의 임무를 완성하게 하는 것이었다. 따라서 연사는 혁신적인 이론을 갖춰야 한다. 혁신적 이론이 없다면 혁신적 행동도 있을 수 없다.

3. 해박한 지식을 쌓아라

스피치는 연사의 인격, 해박한 지식과 연설 기교를 종합적으로 활용하는 표현 수단이다. 따라서 명 스피커가 되려면 열심히 공부하고 폭넓은 독서를 많이 해야 한다. 링컨은 독서를 많이 한 지식인이었다.

사서(史書)는 사람을 현명하게 하고, 시가(詩歌)는 사람을 지혜롭게 하며, 수학(數學)은 사람을 정밀하고 세심하게 하며, 박물(博物)은 사람을 침착하고 속이 깊게 하며, 윤리학(倫理學)은 사람을 정중하게 하며, 논리학(論理學)과 수사학(修辭學)은 사람을 분별에 능하게 한다. 해박한 지식은 논전(論戰)의 무기가 될 뿐만 아니라 대중을 교육하고 그들의 심령을 계발하는 지혜의 원천이다.

4. 풍부한 체험을 하라

링컨은 다양한 직업에 종사한 체험가였다. 명 스피커는 체험가여야 한다. 현실 생활은 예술가가 소재를 수집하고 주제를 선택하며 예술 형상을 부각하는 창작의 원천이다. 마찬가지로 현실 생활의 체험은 연사에게도 스피치 창작의 원천이다.

체험은 자신이 몸소 겪은 현실의 경험이며, 경험담은 현실에서 겪은 증언이 되므로 대중에게 빠른 이해와 믿음을 줄 수 있다. 따라서 연사는 대중 속에 들어가서 그들의 생활을 관찰하고 체험하고 연구하며, 모든 사람의 생활방식을 분석해야 한다.

02 폭력에 희망으로 맞선 루터 킹 스피치

비폭력으로 항거한 인권운동가

미국 인권운동의 상징이며 최연소 노벨평화상 수상자인 마틴 루터 킹(Martin Luther King, Jr)은 마하트마 간디, 마더 테레사와 함께 '20세기 인본주의'를 상징하는 인물이다. 루터 킹은 흑인 목사의 장남으로 태어나 갖은 굴욕을 경험하면서 성장했다.

그가 태어난 당시에도 흑인에 대한 억압과 야만적인 상황은 미국 사회 곳곳에서 벌어졌다. 흑인은 공원에도 영화관에도 들어갈 수 없었고 백인이 가는 레스토랑에서 식사도 할 수 없었다. 그밖에도 인종이 격리된 학교와 주거, 백인과 유색인종을 구별하는 음수 시설의 장소, 그리고 경찰의 만행과 법정에서의 수많은 부당한 판결은 그들을 둘러싼 현실이었다.

루터 킹이 보스턴대학에서 철학박사를 취득하고 앨라배마 주 몽고메리 침례교회 목사로 부임했을 때 운명적인 사건이 일어났다. '로자 파크스'라는 흑인여성이 버스를 탔는데 버스 운전기사가 그녀에게 앉아 있는 버스 좌석을 '백인에게 양도하라'고 말하자 그녀가 이에 불복하고 맞서며 일어난 사건이다.

그날 흑인지도자 그룹은 긴급회동을 갖고 '몽고메리개혁촉진협회'를 창설했다. 그리고 회장에는 26세의 젊은 루터 킹이 선출되었다. 그날 밤 일어난 궐기대회에서 루터 킹은 훌륭한 연설로 리더의 자질을 인정받았다.

이 연설에서 킹 목사는 "그동안 참아오기만 했던 분노의 감정을 더 이상 숨기지 말고 이제야말로 솔직하게 표현하고 일어서야 한다."고 선언했다. 그러나 그는 '항의의 무기'로 폭력은 안 된다며 비폭력 저항운동을 강조했다.

이후 루터 킹은 인종차별주의자들에게 눈엣가시가 되어 이듬해엔 그의 집에 폭발물이 던져졌다. 다행히 가족은 무사했지만 현관이 불탔다. 이 소식을 듣고 보복의 마음에 불타 총과 몽둥이를 들고 그의 집으로 모여든 흑인들에게 루터 킹은 말했다.

"폭력으로 보복해도 문제가 해결되지 않습니다. 미움은 사랑으로 보답해야 합니다."

5천 명이 넘는 군중은 그의 말에 감명을 받고 돌아갔다. 그의 비폭력사상이 폭력을 막는 첫 순간이었다. 이 사건이 언론에 보도되면서 흑인지도자로서의 그의 위치는 결정적으로 굳어졌다.

루터 킹의 〈나에게는 꿈이 있습니다(I have a dream)〉라는 연설은 특히 걸작으로 높이 평가받는다. 그의 스피치는 설교의 형식과 비슷하게 닮아 있다. 성경처럼 널리 숭배되는 문서에 호소하는 듯해서 미국독립선언, 노예해방선언, 미국헌법과 같은 문서를 연상시킨다. 루터 킹의 연설 서두는 '100년 전'이라는 문구로 시작되는데 이것은 링컨의 게티스버그 연설을 끌어다 비유한 것이다. 그는 "나에게는 꿈이 있다"를 반복해 사용함으로써 듣는 이에게 희망을 갖게 했다. 또한 "자유의 종을 울리시오"라는 말을 점층법 형식을 이용해 반복 사용함으로써 청중의 행동을 촉구했다.

'나에게는 꿈이 있습니다'

다음은 1963년 8월 28일, 노예해방의 지도자 링컨 동상이 우뚝 서 있는 돌계단 앞에서 25만 명의 청중에게 사자후를 토한 루터 킹의 대표적인 명연설이다.

"나는 오늘 우리나라 역사에서 가장 위대한 행진으로 기록될 행사에 여러분과 함께 참가한 것을 기쁘게 생각합니다. 지금으로부터 100년 전에 위대한 한 미국인이 노예해방선언문에 서명을 했습니다. 오늘 우리는 그를 상징하는 건물의 그늘에 서 있습니다.

그 역사적인 선언은 불의의 화염 속에 타들어간 수많은 흑인 노예들에게 위대한 희망의 등불이었습니다. 이 선언은 노예로서 살아온 기나긴 밤의 끝을 알리는 기쁨에 찬 여명이었습니다. 그러나 100년이 지난 지금, 우리 흑인들은 여전히 자유롭지 못합니다. 100년이 지난 지금, 흑인들의 삶은 여전히 인종 차별 대우의 속박과 차별의 사슬에 의해 비참할 정도로 무능하게 되었습니다. (…)

나는 오늘 나의 친구인 여러분들에게 말합니다. 우리가 오늘도 내일도 그런 어려움이 있을지라도 나에게는 여전히 꿈이 있다고. 그것은 아메리칸 드림 속에 깊게 뿌리박힌 꿈입니다.

나에게는 꿈이 있습니다. 언젠가 이 나라가 모든 사람은 평등하게 창조되었다는 사실을 명백한 진실로 여기고 그 진실들이 자명한 증거가 되도록 우리 모두가 수용해 이루는 꿈입니다.

나에게는 꿈이 있습니다. 언젠가는 조지아의 붉은 언덕 위에서 노예의 후손들과 노예 주인의 후손들이 형제처럼 식탁에서 함께 둘러앉아 살게 되는 꿈입니다.

나에게는 꿈이 있습니다. 학대와 불공평의 열기가 이글거리는 미시시피 주조차도 언젠가 자유와 정의의 안식처로 바뀌는 꿈입니다.

나에게는 꿈이 있습니다. 나의 네 명의 아이들이 피부색이 아니라 인격에 의해 능력을 평가받는 나라에서 살게 될 날이 올 것이라는 꿈입니다.

오늘 나에게는 꿈이 있습니다! 주지사의 입에서 지금은 악의적인 간섭과 공약은 무효라는 말들이 쏟아져 나오는 바로 저 앨라배마 주에서도 흑인 소년소녀들이 백인 소년소녀들과 형제자매들처럼 손을 잡게 될 날이 올 것이라는 꿈입니다. (…) 자유의 종을 울리시오. 뉴햄프셔의 거대한 산꼭대기에서부터 자유의 종소리가 울려 퍼지게 합시다. 뉴욕의 웅대한 산봉우리에서부터 자유의 종을 울리시오. 펜실베이니아의 높은 앨러게니 산맥에서 자유의 종을 울리시오. 콜로라도의 눈 덮인 로키산맥에서도 자유의 종을 울리시오. 캘리포니아의 구불구불한 비탈길에서도 자유의 종을 울리시오.

그러나 오직 그것뿐만이 아니라 조지아의 스톤 산에서도 자유의 종을 울리시오. 테네시의 룩아웃 산에서도 자유의 종을 울리시오. 미시시피의 모든 언덕과 구릉지에서도 자유의 종을 울리시오. 모든 산등성이에서 자유의 종소리가 울려 퍼지게 합시다.

우리가 자유의 종을 울릴 때, 우리가 모든 마을과 가정에서 모든 주요 도시에서 자유의 종을 울릴 때, 우리는 하느님의 모든 자녀들, 흑인과 백인들, 유대인과 이방인들, 신교도와 구교도들 모두가 손에 손을 맞잡고 그 옛날 흑인영가를 앞당겨 부를 수 있습니다.

마침내 자유입니다! 전능하신 하느님 감사합니다. 우리는 드디어 자유입니다!"

03 지도자의 교본 페리클레스의 스피치

아테네를 최전성기로 이끈 주인공

기원전 5세기 아테네는 건국 이래 최대의 전성기였고 아테네의 민주정치 역시 최고조에 달했다. 아테네는 초강대국 페르시아의 침공을 물리쳤으며 또 다른 침략에 대비하여 그리스 도시국가들이 연합한 델로스동맹의 맹주를 맡았다. 최강의 해군력을 보유한 아테네는 해상무역의 주도권을 잡아 막대한 부를 누리게 되었다. 이 영광의 황금시대를 이끈 지도자는 페리클레스(Pericles)이다.

페리클레스는 아테네 최고의 명문가 출신이었으나 귀족파가 아닌 민중파의 지도자가 되어 아테네를 30여 년간 장기집권하면서 최대의 전성기로 이끌었다.

그가 매년 실시된 선거에서 재선되어 최고통치자의 권좌를 지켰던

비결은 총명한 예지력과 뛰어난 웅변술이었다. 그의 정적들이 그를 권좌에서 끌어내리려고 모함하면 그는 즉시 민회를 소집하여 뛰어난 웅변술로 명쾌하게 해명함으로써 '아테네를 이끌 지도자는 역시 페리클래스 뿐'이라는 강력한 신뢰를 얻었다고 한다.

《영웅전》을 쓴 플루타르코스는 "페리클래스가 죽은 뒤 아테네인들은 그처럼 위엄 있으면서도 겸손하고, 온유하면서도 진지한 사람은 일찍이 태어난 적이 없다는 결론에 이르렀다"고 쓰고 있다.

페리클레스는 빼어난 용모에 인품도 뛰어났다. 금전적으로 결백했으며 특히 그의 웅변술은 당대에 당할 자가 없었다. 고귀한 태도, 흐르는 폭포와 같이 유려한 웅변술, 숭고한 말의 배치, 의연한 자세, 복장을 흐트러트리지 않고 맵시 있게 입는 등 그는 연사로서 완벽했다고 한다.

당대의 희곡작품 속에 나타나 있는 그의 웅변술에 관한 기록을 보면 "혀끝으로 무서운 천둥을 일으키는 페리클레스", "레슬링에서 그를 넘어뜨려도 그가 넘어진 일이 없다고 증명하면 구경꾼들은 자기 눈을 의심하게 되어 결국 그의 말을 믿는다"고 묘사되어 있다. 이 같은 묘사는 연설가에 대한 최고의 찬사라고 할 수 있다.

다음은 기원전 431년 펠로폰네소스전쟁에서 전사한 장병들을 위한 페리클레스의 추모사이다. 이 추모사는 그의 연설 가운데서도 격조 높기로 유명하다. 현대 정치에서도 본보기가 되고 있다.

민주주의 전범이 된 불멸의 추도사

여기서 전문을 수록하지 못한 아쉬움이 크지만 참으로 격조 높은 연설이다. 2400여 년이 지난 오늘날까지 링컨, 케네디, 오바마를 비롯하여 박근혜 대통령취임 연설에서도 이 연설의 일부가 녹아 있는 것을 볼 때 명연설의 힘은 실로 가공할 만하다고 하겠다.

"오늘까지 이 연단에 선 대부분의 연사들은 전몰자들에게 조사(弔詞)를 바치는 것을 옳다고 보고 이 연설의 관례를 법으로 정한 인물을 칭찬해왔습니다. 그러나 나는 행동으로 나타난 그 명예는 행동으로 표창해도 충분하다고 생각합니다. 그것은 바로 지금 많은 사람의 손으로 준비된 이 행사를 여러분이 눈앞에서 보고 있듯이 다수인의 덕행을 한 개인에게 맡겨 그 사람의 조사가 능숙한가 서툰가에 따라 판단해서는 안 되기 때문입니다. (…)
우리의 정치체제는 이웃나라의 관행과 전혀 다릅니다. 다른 나라의 것을 모방한 것이 아니라 오히려 다른 나라들의 모범이 되고 있습니다. 권력이 소수에 있지 않고 전체 시민에게 있기 때문에 우리의 정치체제를 '민주주의'라고 합니다.
모든 시민은 평등한 권리를 가집니다. 우리나라는 출신을 따지지 않고 오직 능력에 따라 공직자를 선출합니다. 어느 누구도 가난을 이유로 정치적 권리를 행사할 수 없게 되어서는 안 됩니다. 우리는 공적인 생활뿐만 아니라 사적인 일상생활에서도 완벽한 자유를 누리며 살고 있습니다. 아테네 시민이 누리는 자유는 의심과 질투가 소용돌이치는 것조차 자유라고 할 만큼 그 완성도는 높습니다. (…)

또 우리의 군사정책도 적과는 다릅니다. 먼저 우리는 문호를 개방하고 있으며 외인 추방 등으로 다른 사람의 견문을 방해하지도 않습니다. 설사 이 공개주의 때문에 적이 우리에게서 뭔가를 배워 편의를 도모할지라도 장비나 책략보다는 우리의 감투정신을 확고히 믿습니다. 군사교육에 있어서도 스파르타는 아주 어릴 때부터 엄격한 훈련으로 용기의 함양을 추구하고 있지만 우리는 자유롭게 놔두면서도 그들에 대항해서 조금도 밀리지 않고 있습니다. (…)

우리는 아름다움을 추구하면서도 사치로 흐르지 않고, 지(智)를 사랑하면서도 유약함에 빠지지 않습니다. 부를 추구하면서도 그것을 자랑하지 않고 활동의 바탕으로 삼을 뿐입니다. 아테네에서 가난은 수치가 아닙니다. 하지만 가난에서 탈출하려고 노력하지 않는 것은 부끄러운 일입니다. 우리는 자신의 개인적인 일에 최선을 다하고 있으며 국가의 일에도 관심을 가지고 있습니다. 대체로 자신의 사업에 몰두하고 있는 사람들조차 전반적인 정치문제에 대해서 잘 알고 있는데, 이 점이 바로 우리의 특징입니다. 우리는 정치에 무관심한 사람은 자기 개인의 일에도 관심을 갖지 못하는 사람으로 생각합니다. (…)

확실치 않은 전운에 희망을 걸고, 자신을 믿고 목전에 둔 임무를 대담하게 수행해내는 것이 마땅하다고 보고, 퇴각해서 생명을 보존하기보다는 대항해 싸우다 죽기를 선택한 것입니다. 불명예스런 이해타산을 피하고 자신의 온몸을 바쳐 전열을 고수한 그들은 천재일우의 호기를 이용해 공포보다 영광스럽게 죽어갔던 것입니다. 이렇게 그들은 아테네에 어울리는 용사가 되었습니다. 뒤에 남은 사람들의 위험이 적어지길 기원하는 것은 당연합니다. (…)

또 알아야 할 것은 이들 용사가 아테네에 남겨준 비길 데 없는 무상의 보물은 설사 시도하다가 실패하더라도 아테네를 위해 최선을 다하려고 한 마음가짐이었다는 것입니다. 왜냐하면 그들은 한 몸을 나라에 바쳐 불멸의 찬사와 영광 외에 보다 나은 분묘를 얻었기 때문입니다. 게다가 그들은 지하에 묻히고 만 것이 아닙니다. 그들의 영명(英名)은 영원히 기억되고 일이 있을 때마다 사람들의 언행 속에서 영원히 기념될 것입니다 (…)."

04 정상을 향한 열정이 담긴 지글러의 스피치

명 스피커가 되겠다는 꿈을 꾼 사나이

성공 후보생들에게 자신감과 용기를 북돋아 주고 있는 미국 제일의 성공학 강사이자 세계적인 베스트셀러 《정상에서 만납시다》의 저자인 지그 지글러(Zig Ziglar). 그의 이름은 세계 인명록은 물론 미국의 스피치 커뮤니케이션 교과서에도 사진과 함께 명 스피커로 소개되어 있다.

청중의 심금을 울리는 그의 열정적인 스피치를 들어본 사람은 누구나 "지그 지글러는 타고난 스피커다!"라고 감탄할 것이고, 그의 명성만 들은 사람은 "하룻밤 사이에 연설가로 유명해진 사람이 아닌가?" 하고 생각할지도 모른다.

그러나 그는 타고난 스피커도 아니고 하룻밤 사이에 유명해진 연설가는 더욱 아니다. 그의 말을 들어보기로 하자.

"저에게는 40년 이상이나 묵은 꿈이 있었습니다. 그것은 명 스피커가 되는 꿈입니다. 저는 13년 동안 클럽과 학교, 교회와 감옥, 마약중독자치료센터, 자동차 대리점 등 저를 필요로 하는 모든 사람들 앞에서 강연을 했습니다.

어떤 때는 사비를 들여가며 수백 마일 떨어진 곳까지 가서 소규모의 청중 앞에서도 강연했습니다. 강연료요? 물론 한 푼도 없었지요. 사람들 앞에서 강연함으로써 저의 스피치 능력이 개발된다는 것이 돈으로 살 수 없는 값진 보상이었습니다.

그러다가 1965년부터 가끔씩 보수를 받는 스피커가 되었고, 1968년에는 한 중소기업에서 한 달에 1주일씩만 사원교육을 시켜달라는 청탁이 왔습니다. 그 덕에 점점 보수도 괜찮아지고 여유 시간도 늘어나서 프로 스피커로 정착하는가 싶었지요. 하지만 그런 안정된 시기는 겨우 3년뿐, 그 회사가 파산하는 바람에 저는 홀로서기를 하지 않으면 안 되었습니다. 솔직히 말해서 그때 저는 최선을 다했음에도 불구하고 어떤 강연 계약도 맺지 못해 허리띠를 졸라매야 했던 암울한 시절의 연속이었습니다.

그러나 저는 한 번도 '명 스피커가 되겠다'는 처음의 꿈을 버리지 않았고, 끊임없이 노력하여 마침내 미국을 대표하는 명 스피커 중 한 사람이 되었습니다. 그리고 지금은 전 세계를 순방

하면서 성공의 메시지를 전파하고 있습니다."

인간은 '꿈을 먹고 사는 동물'이며 한 가지 꿈을 지속적으로 꾸면 그 꿈은 반드시 이루어지는 속성이 있다. 그렇다면 여러분은 지금 어떤 꿈을 꾸고 있는가? 대중을 사로잡을 명 스피커가 되겠다는 꿈을 꾸고 싶지는 않은가?

그렇다면 지그 지글러의 비결에 대해 더 자세히 알아보기로 하자.

지그 지글러의 독특한 스피치 기술

연사가 청중을 향해 극적인 이야기를 능숙하게 구사하면서 연단을 가로질러 천천히 걸을 때 청중의 시선은 그에게 집중된다. 연사는 강조하는 말에 힘을 주게 되는데, 이땐 조금 느린 말투로 행해진다.

그러다가 연사가 갑자기 말을 멈추고 연단의 가장자리에서 무릎을 꿇는다. 1만 명이나 되는 청중의 눈이 못으로 고정된 듯 연사가 무릎을 꿇은 모습을 향한다. 연사가 의자의 앞쪽으로 다가앉는다. 방대한 강연장이 적막처럼 고요해진다.

그때 천천히 연사의 목소리가 으르렁대듯 울리기 시작한다. 연사는 자신의 이야기의 요점을 두들겨 댄다. 이런 몸동작의 대가가 바로 가장 감동적인 연사 중 한 명인 지그 지글러이다.

1. 몸동작은 주장할 때 사용한다

지그 지글러는 자신의 상표가 되어버린 독특한 몸동작을 이렇게 설명한다.

"저는 연단에서 대단히 많이 걷습니다. 느린 속도로 걷다가 특정한 주장을 펼칠 준비가 되면 언제나 죽은 듯이 멈춥니다. 그건 마치 거미가 KO펀치를 준비하는 것과 같다고나 할까요? 저는 죽은 듯이 멈추고는 무릎을 꿇죠."

극적인 이야기와 해학적 기질은 지그 지글러 연설의 구성 요소다.

"저는 청중의 모든 관심이 저에게 집중되기를 원하기 때문에 요점을 강조하기 위해서는 한쪽 무릎을 꿇습니다. 또 다른 이유도 있죠. 청중의 주의력을 집중시키는 시간은 9분에서 11분까지 다소 제한되어 있습니다. 제 강연 테이프를 듣는다면 9분 내지 11분마다 제가 청중을 웃게 만든다는 것을 알게 될 겁니다. 일반적으로 그것은 한번 지속하는 시간이고, 평균 시간은 22분입니다. 유머는 메시지가 아닙니다. 저는 메시지를 강조하기 위해 유머를 쓸 뿐입니다."

지그 지글러의 몸동작은 이야기와 메시지를 수반하며 스피치의 가치를 높여 준다.

2. 친근한 얼굴을 찾는다

연사가 청중의 반응에 호응하기 위해서는 연사 자신의 눈을 잘 사용해야 한다. 지그 지글러는 연설하는 동안 어떻게 청중의 시선과 접촉할까?

"저는 항상 이야기의 길이에 따라 청중 가운데 네다섯 명을 선택하고 그들에게 특정한 점을 강조하는 것이 가장 효과적인 방법이라고 생각해왔습니다. 저는 선택한 이 사람들의 눈을 5초에서 10초쯤 바라봅니다. 이때 기본적으로 친근한 사람을 택합니다. 저는 청중에게 도전하지 않습니다. 때때로 팔을 꼬거나 턱을 내밀고 앉아 있는 젊은 사람들을 볼 수 있습니다. 하지만 저는 긍정적인 반응을 해줄 사람들을 찾습니다. 왜냐하면 제가 그들의 지지를 얻을 수 있다면, 그들은 저로 하여금 그들 주변 사람들의 지지를 얻게 해준다는 것을 알고 있기 때문입니다."

3. 마지막 연설처럼 전력투구한다

지그 지글러는 준비와 몰입에 대해 "내적인 연설에 몰입하는 것은 연사로 하여금 자신의 언어적 메시지의 가치를 높여주는 것"이라고 했다. 그는 다음과 같이 강조한다.

"준비는 청중 앞에 서기 오래 전부터 시작되어야 합니다. 도덕적인 책임감을 지닌 연사라면 누구나 밤에 충분한 수면을 취할 것입니다. 나는 연설할 그날을 위해 정신적으로, 정서적으로, 그리고 신체적으로 충분히 휴식하며 준비를 갖춥니다. 또한 어떤 연설을 하든 그것이 마치 내가 일생에 마지막으로 하게 될 연설인 것처럼 전력투구합니다."

아마추어 스피커가 가장 빨리 성공할 수 있는 지름길은 성공한 사람을 모델을 삼는 것이다.

05 민족 계몽을 외친 안창호의 스피치

감동을 주는 타고난 연설가

독립운동과 민족계몽으로 일생을 바친 도산 안창호(安昌浩)는 탁월한 웅변가였다. 그는 1878년 평안남도 강서에서 태어나 어린 시절 한학을 공부하고, 선교사 언더우드가 경영하는 구세학당에 다니면서 서구문물을 접하였다. 그 후 미국 유학을 거쳐 독립운동에 공헌한 업적은 생략하기로 하고 여기서는 스피치 측면에서만 살펴보기로 하자.

도산은 1897년 평양에서 열린 만민공동회에서 무능한 관료들을 비판한 연설로 주목받았다. 이후 그의 연설이 있는 날이면 회장이 터지도록 만원이었다. 그는 실력 양성을 위해서는 교육이 필요하며 민중의 의식 개선이 선행되어야 한다고 역설했다. 그의 충정에서 우러나온 연설은 가는 곳마다 청중들을 감동시켰다.

1907년 대한협회가 주최한 강연에서 안창호의 연설을 듣고 감동받은 여운형, 여운홍 형제와 조만식은 독립운동에 투신할 것을 결심했다. 또한 조만식은 "장차 민족을 위해서 봉사하려면 실력을 키워야 한다"고 다짐했다.

　뿐만 아니라 놋그릇 장사로 성공한 이승훈은 "나라가 없고서는 일가와 일신이 있을 수 없고, 민족이 천대를 받을 때에 나 혼자만 영광을 누릴 수가 없소"라는 안창호의 연설을 듣고 감명을 받은 후 가산을 정리하여 오산학교를 세우고, 한평생 독립운동과 민족교육을 위해 헌신했다는 일화는 유명하다.

　동시대의 작가 이광수는 안창호의 연설에 대해 다음과 같이 기록하고 있다.

> "안창호가 '지금에 깨달아 스스로 고치고 스스로 힘쓰지 아니하면, 망국을 뉘 있어 막으랴'라고 눈물과 소리가 섞이어 흐를 때는 만장이 흐느껴 울었다. 그는 만장 청중으로 하여금 서슴지 않고 '대한독립만세'를 고창하게 하였다."

　그의 말이 설득력 있었던 것은 정확한 지식과 확고한 신념을 바탕으로 한 애국애인(愛國愛人)의 진정에서 나왔기 때문이다.

　안창호는 연사의 첫째 조건인 훌륭한 인격의 소유자였다. 모든 사람의 개성을 존중했고 누구에게 핀잔을 주는 일이 없었으며, 비록 어린 사람에게도 하고자 하는 말을 다할 기회를 주었다. 그는 남이 하는 말을 다 들은 뒤에 비로소 자신의 의견을 말했다. 안 될 일은 안 된다 하고, 믿지 못할 말은 안 믿는다고 바로 말했다. 그의 말은 항상 분명했고 긍정이나 부정의 의사표현을 확실하게 했다.

또한 안창호는 공적으로나 사적으로 한 점의 비난을 받을 일을 하지 않았다고 한다. 육십 평생에 누구를 속인 일이 없고, 누구에게라도 야속하게 언행하거나 부정한 행위를 한 적이 없었으며, 그를 접한 사람은 모두 그에게서 사랑과 우정을 느꼈다고 한다. 생전에 그를 원망하거나 비난한 사람이 없었다는 그의 연설을 들어보기로 하자.

안창호 스피치의 3가지 특징

다음은 1919년 중국 상해의 교민단에서 안창호가 행한 〈민족의 개조〉에 관한 연설이다.

"우리 전 인류가 다같이 절망하고, 또 최종의 목적으로 하는 바가 무엇이오? 나는 이것을 '전 인류의 완전한 행복'이라 하오. 이것은 고금동서 남녀노소를 물론하고 다 동일한 대답이 될 것이오. 그러면 이 '완전한 행복'은 어디서 얻을 것이오? 나는 이 행복의 어머니를 '문명'이라 하오. 그 문명은 어디서 얻을 것이오? 문명의 어머니는 '노력'이오. 무슨 일에나 노력함으로써 문명을 얻을 수 있소. 곧 개조하는 일에 노력함으로써 문명을 얻을 수 있소. 그러므로 내가 말하기를 '우리 사람이 일생에 힘써 할 일은 개조하는 일'이라 하였소. (…)

세상에 어리석은 사람들은 흔히 이러하오. 가령 어느 단체의 사업이 잘못되면, 문득 그 단체의 수령을 욕하고 원망하오. 또 어느 나라의 일이 잘못되면 그 중에서 벼슬하던 몇 사람을 역적이나 매국적이라 하며 욕하고 원망하오. 물론 그 몇 사람이 그 일의 책임을 피할 수는 없소. 그러나 그 정부의 책임이 다 그 벼슬하던 사람이나 수령 몇 사람에게만 있고, 그 일반 단원이나 국민에게는 책임이 없느냐 하면 결코 그렇지 않소. 그 수령이나 인도자가 아무리 영웅이요 호걸이라 하더라도 그 일반 추종자의 정도나 성심이 부족하면 아무 일도 할 수 없소. (…)

한국 민족이 개조되었다 하는 말은 즉, 다시 말하면 한국 민족의 모든 분자 각 개인이 개조되었다 하는 말이오. 그런 고로 한국민족이라는 전체를 개조하려면 먼저 그 부분인 각 개인을 개조해야 하겠소. 이 각 개인을 누가 개조하오? 누구 다른 사람이 개조해줄 것이 아니라 <u>스스로 자기가 자기를 개조</u>해야 하겠소. 왜 그렇소? 그것은 자기를 개조하는 권리가 오직 자기에게만 있는 까닭이오. 아무리 좋은 말을 그 귀에 들려주고, 아무리 귀한 글이 그 눈앞에 벌려 있을지라도 자기가 듣지 않고 보지 않으면 할 수 없는 일이오.

그런 고로 우리는 각각 자기 자신을 개조합시다. 너는 너를 개조하고 나는 나를 개조합시다. 곁에 있는 김군이나 이군이 개조 아니한다고 한탄하지 말고, 내가 나를 개조 못하는 것을 아프게 생각하고 부끄럽게 압시다. 내가 나를 개조하는 것이, 즉 우리 민족을 개조하는 첫걸음이 아니오? 이에서 비로소 우리 전체를 개조하는 희망이 생길 것이오. (…)

나는 사람을 가리켜서 개조하는 동물이라 하오. 이에서 우리가 금수와 다른 점이 있소. 만일 누구든지 개조의 사업을 할 수 없다면 그는 사람이 아니거나, 사람이라도 죽은 사람일 것이오."

안창호 스피치의 가장 큰 특징은 청중의 관심을 끌기 위해 스스로 묻고 답하는 질문법과 이해하기 쉽게 반복법, 그리고 청중이 분명하게 알아듣도록 직설법을 사용하고 있다는 점이다.

06 전설적인 노상연설가 여운형의 스피치

시대의 선각자, 민족의 지도자

시대를 앞선 선각자요 통 큰 민족지도자이며 조선 제일의 웅변가로 독립을 위해 평생을 바친 여운형(呂運亨), 그는 1886년 경기도 양평에서 태어나 어린 시절에는 한문과 유학을 공부했다.

신학문에 뜻을 둔 후로는 1900년 배재학당을 거쳐 흥화학교에서 수학하였다. 1907년 그는 경기도 양평에서 국채보상운동의 지회를 설립해 활동하였다. 1913년 신흥무관학교를 비롯한 서간도 각지를 순방하며 조국광복의 웅지를 품었다. 1914년 중국 난징에 있는 금릉대학(金陵大學)에 들어가 영어를 전공하고 1917년 졸업 후에는 상하이를 활동무대로 독립운동에 투신했다.

여운형은 젊은 시절 도산 안창호의 연설을 듣고 감명을 받아 나라를 위해 뭔가 해야겠다고 결심을 했다. 그는 상하이 임시정부에 참여했지만 그의 본격적인 독립운동은 1918년 상하이에서 신한청년단을 결성하고 당수로 취임하면서부터이다. 그는 파리강화회의에 김규식을 조선 대표로 파견함으로써 동경유학생의 2·8독립선언과 3·1운동의 불씨를 지폈으며, 임시정부 수립 과정에서 산파 역할을 맡는 등 항일 독립운동가, 외교정치가로 국권 회복에 힘썼다.

해방 직후에는 조선건국준비위원회를 결성하고 자주독립국가의 건국과 민족 분단을 막기 위해 중도 정치노선으로 좌우합작운동을 추진하던 중 1947년 62세의 나이 때 우익 테러집단에 의해 암살되었다. 그의 큰 뜻은 실현되지 못하고 민족 분단의 비극은 오늘날까지 이어지고 있다.

여운형의 연설은 전설적이다. 나라와 민족에 대한 진심과 애정이 담긴 그의 열정적인 연설은 많은 사람들을 매료시켰다. 특히 그의 연설은 청년들에게 독립 의욕을 고취시켜 행동 변화를 일으켰다고 한다.

청년 여운형은 노상연설을 하다가 클라이맥스에 이르면 스스로 격정에 못 이겨 눈물을 흘리기 일쑤여서 이를 경청하던 청중들도 감동하여 함께 따라 울었다고 한다.

여운형은 연사로서 타고난 인물이었던 것 같다. 연단에 올라선 여운형은 우선 풍채부터 청중의 신임을 얻었다. 그는 서양인처럼 육척 장신의 당당한 체구인 데다가 카이젤 수염, 커다란 눈, 좌우로 뻗어나간 두 귀, 시원스럽게 올라간 이마 등으로 미남형의 조건까지 갖춘 그야말로 위장부(偉丈夫)라는 믿음을 줬다.

그의 목소리는 성량이 풍부하여 우렁차고 억셌으며 음성의 특징은 둔탁하면서도 중후하고 텁텁한 고상미를 느끼게 했다고 한다. 그가 연설하는 날이면 광화문통 네거리에는 수만의 군중으로 가득 찼다. 특히 노상연설에서 성량으로나 경험으로나 당대 연사 중 그를 따를 자가 없을 정도로 그는 출중했다고 한다. 당시 그는 '조선 제일의 웅변가'로 손색이 없었다.

일제를 압박한 정의의 사자후

3·1운동에 충격을 받은 일제는 그 배후의 핵심인물인 여운형을 회유하기 위해 같은 해 11월 도쿄로 그를 불러들였다. 그러나 당시 34세의 여운형은 조선독립의 당위성을 논리적이고 당당하게 주창함으로써 일본의 고관대작들을 주눅이 들게 만들었다.

1919년 12월 27일 도쿄제국호텔에서 여운형은 내외신 기자와 각계 인사 500여 명을 상대로 조선독립에 관한 당위의 논리를 두 시간에 걸쳐 펼친 끝에 만장의 박수갈채를 받았다. 이 사건은 각 신문에 보도되어 큰 반향을 불러일으켰다. 다음은 그때의 연설 가운데 일부이다.

"내가 이번에 온 목적은 일본 당국자와 그 외의 식자들을 만나 조선독립운동의 진의를 말하고 일본 당국의 의견을 구하려고 하는 것입니다. 다행히 지금 각원들과 식자 여러분과 격의 없이 의견을 교환하게 된 것은 유쾌하고 감사한 일입니다.

나에게는 독립운동이 평생의 사업입니다. 구주전란이 일어났을 때 나와 우리 조선이 독립국가로 대전에 참가하지 못하고, 동양의 한 모퉁이에 쭈그리고 앉아 우두커니 방관만 하고 있는 것이 심히 유감스러웠습니다. 그러나 우리 한민족의 장래가 신세계 역사의 한 페이지를 차지할 시기가 반드시 오리라고 자신했습니다. (…)

먼저 동지 김규식을 파리에 보내고, 3월 1일에는 내지에서 독립운동이 돌발하여 독립만세를 절규하였습니다. 이것은 곧 대한민국이 전부 각성하였다는 것입니다.

주린 자가 먹을 것을 찾고 목마른 자가 마실 것을 찾는 것은 생존을 위한 인간 본연의 원리입니다. 이것을 막을 자가 있겠습니까! 일본인에게 생존권이 있다면 우리 한민족이라고 어찌 생존권이 없겠습니까? 일본인에게 생존권이 있다는 것은 한인이 긍정하는 바이요, 한인이 민족적 자각으로 자유와 평등을 요구하는 것은 신이 허락하는 바입니다. 일본정부에게 이것을 방해할 무슨 권리가 있습니까?

이제 세계는 약소민족해방, 부인해방, 노동자해방 등 세계 개조를 부르짖고 있습니다. 이것은 일본을 포함한 세계적인 운동입니다. 한국의 독립운동은 세계의 대세요, 신의 뜻이며, 한민족의 각성입니다. 새벽에 어느 집에서 닭이 울면 이웃집 닭이 따라 우는 것은, 다른 닭이 운다고 우는 것이 아니고 때가 와서 우는 것입니다. 때가 와서 생존권이 양심적으로 발작된 것이 한국의 독립운동입니다. (…)

우리가 세울 나라는 인민이 주인이 되어 인민을 다스리는 나라가 될 것입니다. 이 민주공화국은 대한민족의 절대적 요구요, 세계 대세의 요구이기도 합니다.

 평화는 형식적 단결로는 이루지 못합니다. 지금 일본이 첩첩이구로 일중친선(日中親善)을 아무리 말한들 무슨 유익이 있습니까? 오직 정신적 단결이 필요한 것입니다.

우리가 모두 동양인으로서 이런 처지에 서로 반목하는 것이 복된 일이겠습니까? 우리가 꼭 전쟁을 해야만 평화를 얻을 수 있습니까? 싸우지 않고는 인류가 누릴 자유와 평화를 얻지 못하는 것입니까? 일본 인사들은 깊이 생각하기 바랍니다 (…).”

07 약자의 대변자 함석헌의 스피치

필설로 권력에 저항한 자유의 투사

2012년 탄생 112주년이 된 함석헌(咸錫憲)은 사상가·민권운동가·잡지 발행인 등 여러 가지로 불리지만 일생을 항일과 반독재 투쟁에 필설로 저항한 자유의 투사였다.

내가 학생시절에 목격한 함석헌 선생은 하얗고 긴 수염에 백발을 날리며 흰 두루마기 차림으로 연단에 올라 꼿꼿한 자세로 서서 열변을 토했는데, 그야말로 청중의 폐부를 찌르는 사자후였다.

함석헌의 연설이 있던 학교 운동장은 꽉 찰 정도로 청중이 운집했다. 언론 탄압이 자행된 시절이었으므로 누구도 감히 입을 열지 못하던 공포의 상황에서도 선생은 거침없이 자신이 하고 싶은 말을 다했으며 그 통쾌한 비판에 사람들은 "옳소"를 연발하며 환호했다.

함석헌은 일제 강점기에는 어둠에 묻힌 민족의 정체성을 역설하여 민중에게 희망과 비전을 제시하다가 투옥되었고, 자유당 시절에는 〈생각하는 백성이라야 산다〉는 논설을 썼다가 교도소에 갔다. 5·16 군사정변으로 너 나 할 것 없이 겁에 질려 입을 다물고 있을 때에도 〈5·16을 어떻게 볼까〉라는 비판의 글을 썼다. 다음은 1961년 《사상계》에 실렸던 그의 5·16비판의 글이다.

"아파도 아프다는 소릴 못하고, 슬퍼도 목을 놓고 울어도 못본 이 민중을, 이제 해방이 되려는 이 민중을 또다시 입에 굴레를 씌우지 마라. 정신에 이상이 생겼거든 지랄이래도 마음대로 할 수 있도록 둬야 할 것이다. 4·19 이후 처음으로 조금 열렸던 입을 또 막아? (…)

혁명은 민중의 것이다. 민중만이 혁명을 할 수 있다. 군인은 혁명 못한다. 어떤 혁명도 민중의 전적 찬성, 전적 지지, 전적 참가를 받지 않고는 혁명이 아니다. 그러므로 독재가 있을 수 없다. 민중의 의사를 듣지 않고 꾸미는 혁명은 아무리 선의로 했다 해도 참이 아니다. (…)

학생이 잎이라면 군인은 꽃이다. 5월은 꽃달 아닌가? 5·16은 꽃이 한번 핀 것이다. 잎은 영원히 남아야 하는 것이지만 꽃은 활짝 피었다가 깨끗이 뚝 떨어져야 한다. (…)

박정희님 내가 당신을 국가재건최고회의 의장이라고도 육군대장이라고도 부르지 않는 것을 용서하십시오. 여러분은 아무

혁명이론이 없었습니다. 단지 손에 든 칼만을 믿고 나섰습니다. 그러나 민중은 무력만으로 얻지 못합니다."

1970년 11월 13일 평화시장의 청년 노동자 전태일이 열악한 노동조건에 항거하여 분신자살을 하자 그의 추도식에 참석한 함석헌은 다음과 같이 연설하였다.

"오늘 우리는 전태일을 추도하기 위해 모였다고 하지만 사실을 말하면 그에게 추도란 있을 수 없는 일입니다. 스스로 자기 손으로 자기 목숨을 불사른 사람에게 죽음을 슬퍼한다는 것이 무슨 의미가 있습니까? 나는 그보다도 차라리 우리가 그를 살려내야 한다고 말하고 싶습니다.
전태일을 살려야 합니다. 그는 우리를 위해 죽었습니다. 우리가 그를 차마 죽은 채로 둘 수가 없습니다. 아닙니다. 전태일은 죽은 사람이 아니라 산 사람입니다. 그는 그 죽음으로 우리 앞에 삶을 절규하고 있습니다. 그를 어찌 차마 죽음 속에 묻어두고 썩혀둘 수가 있습니까? 전태일을 살려야 합니다."

덧없이 죽어갈 뻔했던 한 노동자의 희생을 '민주열사로 부활'시킨 것도 함석헌의 연설이다.

암흑시대에 민중을 일깨운 메시지

함석헌은 시대를 꿰뚫어보는 혜안을 가지고 있었다. 그의 스피치는 한문체나 외래어 없이 순수한 우리말로 쓰여 유려하고 알아듣기에도 쉽다. 또한 수사학적으로 반복법, 점층법을 사용함으로써 청중의 심금을 울렸다. 왜 이 시대에는 함석헌의 스피치처럼 감동을 주는 사자후가 없을까.

"이름 없이 일하고 있고, 생각하고 나타나고 있는 인문의 무리들, 우리는 나라의 밑 터요 문화의 지붕이며, 역사의 줄거리요 삶의 씨알입니다. 우리 밖에 정치가 또 따로 있는 것이 아니며, 우리 밖에 지식인이 또 따로 있는 것이 아니요, 이 우리를 내놓고 군인이니 학생이니 하는 것이 따로 있는 것 아닙니다. 그것은 우리의 뼈대며 신경이요, 잎사귀며 꽃입니다. 우리가 전체요, 전부입니다. (…)
오랫동안 우리는 잠을 잤습니다. 꿈을 꾸었습니다. 어떤 놈이 우리를 깔고 앉는 것 같고, 목을 조르는 것 같았습니다. 무엇이 귀에 대고 속삭이는 것 같았고, 삼킬 듯이 으르렁대는 것 같았습니다. 그래 몸부림을 치고, 뒹굴고, 고래고래 소리를 지르고, 통곡도 하고, 이젠 죽었다 낙심하기도 했나 봅니다. 깨고 보니 그랬던가 봅니다. 이젠 깼습니다. 그래요, 깨어나기 시작했습니다. 우리는 사람입니다.

이 나라의 동포들! 큰일 났습니다. 이 삶에 경련이 일어납니다. 물러가도 도깨비가 다시 돌아와서 우리 목을 조릅니다. 아니오, 일없습니다. 절대로 이 나라는 망하지 않습니다. 망할 리가 없습니다. 망할 수도 없습니다. 이젠 망했다 하는 그 생각이 망한 것입니다. 그것이 도깨비입니다. 깹시다. 살을 꼬집고, 혀를 깨물어서라도 깹시다. 깨야 합니다. (…)

여러분! 무조건 뭉쳐라, 복종해라 하는 독재자의 말에 속지 마십시오. 우리는 개성을 가져야 합니다. 우리는 하나가 돼야 하지만, 그 하나는 분통에 들어가서 눌려서 꼭 같은 국수발로 나오는 밀가루 반죽 같은 하나는 아닙니다. 3천만에서 2천9백9십9만 9천9백9십9가 죽는 일이 있어도, 남은 한 알 속에서 다시 전체를 찾고 살려낼 수 있는, 하나 속에 전체가 있고 전체 속에 하나가 있는, 그런 개성적인 하나입니다. 문제는 여러 가지여도 우리가 하는 일의 뜻은 하나로, 성격 건설에 있음을 알아야 합니다. (…)

말은 거칠고 순서 없는 말이지만 조그마하나마 정성에서 하는 말입니다. 말을 다하지 못하여도 알아주시는 깊은 마음이 여러분 속에 가 있는 줄 믿고 그치겠습니다.

아아! 그럼 생각합시다! 그럼 꿈을 기립시다! 그럼 겁을 내지 말고, 속에 있는 대로 외칩시다. 자, 이젠 일어섭시다! 일어섭시다!"

08 국제적 영향력을 갖춘 이승만의 스피치

약소국이지만 당당했던 국제적 연설가

　대한민국 건국 대통령 이승만(李承晩)은 1875년 황해도 평산에서 양녕대군 16대손으로 태어났다. 그는 1897년 서울 배재학당 졸업식에서 졸업생을 대표해 '한국의 독립'이란 주제로 연설한 후, 1904년 미국으로 건너가 조지워싱턴대학에서 학사, 하버드대학에서 석사학위를 받고 1910년 프린스턴대학에서 철학박사 학위를 받았다. 그는 당시 최고 수준의 엘리트 교육을 받은 최초의 한국인으로 시대를 꿰뚫은 선각자였으며, 국제외교에도 능통했던 '건국의 아버지'이다.

　이승만은 애국애족의 정신으로 신탁통치반대를 외치며 건국 초기의 혼란을 수습하였고, 풍전등화와 같은 6·25전쟁을 겪으면서도 대한민국의 기초를 확립한 대통령이었다. 6·25전쟁이 장기화되자 그는 미국이 요구한 휴전을 받아들이는 대가로 한미동맹의 체결을 요구했고, 미국으로부터 경제부흥에 필요한 원조를 얻어내는 데 성공하였다. 그는 약소국의 지도자였지만 미국 측에 "한국을 공산세계에 대한 자유세계의 싸움을 같이 수행하는 대등한 동반자로 도우라"고 당당히 요구한 카리스마 있는 지도자였다.

그러나 이승만의 추종세력은 종신 집권을 꾀하면서 1954년 11월 부정선거로 사사오입 개헌파동을 일으켰다. 이에 분노한 학생들에 의해 1960년 4·19혁명이 일어나자 그는 부정선거의 책임을 지고 대통령직에서 물러나 미국 하와이로 망명하였다. 결국 애국자 이승만은 '독재자'라는 오명을 쓰고 1965년 7월 19일 밤, 하와이의 한 요양원에서 일생을 쓸쓸히 마감했다.

이승만은 우리나라 최초의 시민운동단체인 독립협회의 주역 중 한 명이었고, 한국 최초의 일간지인 〈매일신문〉을 창간해 사장 겸 주필을 지냈다. 1941년 그가 저술한 《일본내막기(Japan Inside Out)》는 미국에서 한국인 작가로선 최초의 베스트셀러였다. 한편 1904년 한성 감옥에서 저술한 《독립정신》은 우리나라 최초로 민족주의와 민주주의를 이론적으로 체계화했다는 평가를 받고 있다.

한국인 최초로 33회나 박수를 받은 명 스피치

이승만은 영어와 연설에도 뛰어난 재능이 있었다. 그는 1897년 7

월 8일 배재학당 졸업식에서 〈한국의 독립(Independence of Korea)〉이라는 제목으로 유창한 영어 연설을 하여 졸업식에 참석한 정부 고관들과 주한 외교사절에게서 극찬을 받았다.

이승만은 뛰어난 영어 실력 덕분에 독립투쟁 시기와 건국 초기에 미국을 상대로 서신·기고·면담·성명(聲明) 외교를 활발하게 펼칠 수 있었다. 미국 상하원합동회의에서는 감동적인 연설로 기립박수를 포함해 33회에 걸쳐 큰 박수를 받았다고 한다.

다음은 이승만 박사의 연설 능력이 돋보인 1954년 7월 28일 미국 상하원합동연설의 요지다.

"수많은 미국인들이 한반도에서 대의를 위해 모든 것을 바쳤습니다. 그러나 그들이 승리를 위해 목숨을 바친 전투는 아직도 승리를 쟁취하지 못하고 있습니다. 한국전선에서는 현명치 못한 휴전에 의해 포화가 잠시 중단되고 일시적으로 침묵이 흐르고 있지만, 적은 이 기회를 이용해 무력을 증강시키고 있습니다. 제네바 회담도 예견된 바와 같이 하등의 성과 없이 끝났으니, 이제 휴전 종결을 선언할 적당한 시기가 되었습니다. 전 세계의 자유 국민들이 생존할 수 있는 길은 오직 하나 있습니다. 그것은 우리가 악의 힘에 유화적이거나 굽히지 말고, 세계의 세력 균형에서 공산주의자들을 불안하게 만드는 일입니다. 설사 그들이 섬멸 무기를 소유하더라도 감히 그것을 사용하지 못하도록 하는 것입니다. (…)

나는 내 주장이 강경정책이란 사실을 잘 알고 있습니다. 그러나 누구든 유화적인 모습을 보이면 공산주의자들은 그들을 노예로 만들어 버렸습니다. 힘든 세계, 끔찍한 세계를 만들어 놓았습니다. 인류 문명의 존립을 가늠할 운명의 순간이 바야흐로 우리의 최고 결정을 기다리고 있습니다. 자, 용기를 가지고 우리의 이상과 원칙을 수호하기 위해 궐기합시다.

친구들이여, 우리는 반쪽짜리 공산주의, 반쪽짜리 민주주의 상태의 세계에서는 평화가 회복될 수 없다는 것을 명심해야 합니다. 아시아의 자유를 안정시키기 위한 여러분의 중대한 결정이 지금 필요합니다. 왜냐하면 여러분의 결정은 유럽, 아프리카, 그리고 아메리카에서의 세계 공산주의 문제를 자동적으로 해결할 수 있기 때문입니다."

이승만은 1954년 8월 2일, 한미재단이 주최한 만찬에서 다음과 같이 연설하였다.

"워싱턴 DC의 몇몇 미국 기자들이 내게 방미에 대해서 만족하느냐고 물었습니다. 그들은 미국의 당국자들과 어떤 일을 해냈고, 얼마나 받아냈으며, 고무되었는지 혹은 낙담했는지를 알고 싶어 했습니다. (…)

나는 말하고자 합니다. 내가 여기 온 것은 더 많은 원조, 더 많은 자금, 다른 무엇을 요구하려는 것이 아닙니다. 또한 얻고자 하는 것이 부족하다거나 굶어죽겠다는 등의 불평을 말하려고 온 것이 아닙니다. 우리 민족이 난관에 처해 있는 것은 사실입니다.

그러나 우리 국민은 울면서 도움을 갈구하지 않습니다. 우리 국민은 눈물을 감추고 조용한 결의와 용감한 미소로 기아와 파괴를 이겨내는 싸움을 시작했습니다. 우리는 구걸하지 않으며 앞으로도 구걸하지 않을 것입니다. 나는 가슴이 너무 벅차서 이번 미국 방문이 내게 어떤 의미를 가지는지를 말할 수 없습니다. 말로 표현하기 힘듭니다. 우리를 구해주고, 결국은 승리하리라는 새로운 희망을 불러일으켜 준 미국 국민에게 감사를 드립니다.

미국이여, 그대는 지난 며칠 동안 그대의 위대함을 내게 보여주었습니다. 나는 공산주의자들이 결코 우리를 패퇴시킬 수 없다는 사실을 알았습니다. 우리는 그대와 함께 서 있으며, 항상 그대의 편입니다. 나의 영혼은 미국 국민의 넘치는 후의와 지지에 의해 한껏 고무되었습니다. 우리가 힘을 합하면 무적입니다. 정의라는 대의(大義)의 갑옷을 입고, 신의 가호를 받고 있는 우리는 반드시 승리할 것입니다."

09
잔잔하지만 확신 있는 신익희의 스피치

인기 절정에서 사라진 대정치가

1956년 5월 2일, 한강 백사장에 30여만 명의 대군중이 운집해 있었다. 우리나라 선거 사상 최초로 많은 사람이 모인 유세장은 그야말로 인산인해였다. 누군가 강제로 동원한 사람들이 아니었다. '못살겠다. 갈아보자!'라는 구호를 내걸고 대통령선거에 출마한 민주당 후보 신익희(申翼熙)의 연설을 듣기 위해 자발적으로 모여든 군중이었다.

당시 서울의 인구는 150만 명, 유권자 70만 명 가운데 30여만 명이 그 자리에 모여든 것이다. 서울의 시내버스는 총 637대뿐이었다. 대부분은 걸어서 유세장을 찾아갔으므로 그의 인기는 짐작하고도 남을 것이다.

그날 오후 2시, 연단에 올라선 신익희 후보는 자유민주주의 원칙을 강조하며 이승만의 자유당 정권을 신랄하게 비판하는 사자후를 토했다. 청중의 호응은 열화와 같았다.

신익희는 독립운동가, 교육자, 정치인이었다. 1892년 경기도 광주(廣州)에서 태어나 한성외국어학교와 일본의 와세다대학 정경학부를 졸업한 후, 1917년 보성전문학교 교수가 되었다.

1919년 3·1운동 당시에는 해외연락을 맡았으며, 그해 상하이로 망명하여 임시정부 조직을 위한 비밀회의를 갖고 임시의정원 회의를 열어 대한민국임시정부의 탄생에 기여했다.

광복 후에는 대한독립촉성국민회 부위원장, 〈자유신문사 사장〉 국민대학 설립자로 초대 학장을 역임하였다. 1948년 제헌국회의원 부의장을 거쳐 1949년 민주국민당을 결성하여 위원장에 취임하였고, 1950년 제2대 국회의원에 당선되어 국회의장에 피선되었다.

1956년 민주당 공천으로 대통령에 입후보한 신익희는 대통령선거일을 열흘 앞두고 호남 지벽 유세를 위해 열차로 이동하다가 차 안에서 갑자기 서거하였다.

한강 백사장에서의 대사자후

전설적인 명연설로 역사 속에 살아 있는 신익희 스피치의 특징은 4가지로 요약해볼 수 있다.

첫째, 유세를 할 때마다 특유의 유머감각을 발휘하여 청중을 매료시켰다. 둘째, 그는 양손을 앞으로 마주잡거나 뒷짐 지는 자세를 취했고 한 손은 바지주머니에 넣고 한 손으로 제스처를 했으며, 가끔 양손으로 옷매무새를 고치는 등 자연스러운 몸가짐을 취했다. 셋째, 음성 표현은 웅변형처럼 과장하거나 핏대를 올릴 정도로 흥분하지 않았고, 잔잔한 음성으로 중요한 부분에 악센트를 주어 강조하는 확신에 찬 회화형의 스피치였다. 넷째, 연설 내용을 미리 숙지하여 자연스럽게 말하였다. 원고를 보고 읽는 경우는 거의 없었다.

다음은 신익희 연설 가운데 일부이다.

"여러분! 이 한강 모래사장에 가득히 모여주신 친애하는 서울 시민 동포 동지 여러분!

여러분이 아시다시피 나는 해방되기 전에 약 30년 동안이나 외국에서 망명생활을 하던 사람의 하나로, 오랜 시간을 두고 본국 안에 살고 있는 부모, 형제, 자매, 동포, 동지들이 그리워서 밤낮으로 눈물을 흘리고 한숨을 짓던 사람입니다.

오늘과 같이 많은 우리 동포 동지들과 이런 한 자리에서 여러분을 대하고 보니, 그 감개무량함은 무엇에 비할 데가 없습니다. 더욱이 6·25사변 때 한강철교가 폭파되는 바람에 피난의 고초를 당하여 우리 전국 남녀 동지들의 가슴속에 깊이 박힌 원한의 이 한강 백사장에서 오늘 이렇게 만나 뵙게 될 줄 어떻게 알았겠습니까? (…)

여러분! 그 이유가 무엇일까요? 세상만사 이유 없는 일은 없을 것입니다. 왜 우리가 이 모양 이 꼴이 되었을까요? 해답은 분명합니다. 나랏일을 책임지고 해야 할 사람들이 일을 제대로 하지 않았기 때문에, 이 모양 이 꼬락서니가 되었다는 것을 그 누구도 부인하지 못할 것입니다.

보십시오. 지금 우리나라를 책임지고 있는 사람들이 누구입니까? 현 정권입니다. 나는 현 정권이 크게는 헌법을 위시해서, 큰 법률 작은 법률을 불문하고 제대로 지키는 것을 보지 못했습니다. 법률을 만들어놓고도 지키지 않는다면, 그게 무슨 인간세상이라고 할 수가 있겠습니까? 사람이 하는 짓인지, 짐승이 하는 짓인지, 구별도 못하는 사회가 과연 올바른 사회란 말입니까? (우레 같은 박수) (…)

민주국가에서 대통령을 무어라 그러는지 여러분들은 다 잘 알고 계실 것입니다. '프레지던트'라고 불러요. '프레지던트'라는 말은 심부름꾼이 되는 '하인'이라는 말입니다. 그런데 대통령이 하인이라면, 대통령 이외의 사람들, 부장, 차장, 국장이니 과장이니 지사니, 무슨 경찰국장이니, 군수니, 경찰서장이니 또 무엇이니 하는 사람들은 무엇일까요? 하인 중에도 자질구레한 새끼 파리들이다 이 말이에요. (우레 같은 박수) (…)

요새 무슨 표어를 보면, '모시고', '받들고' 등등 여러 가지 이야기가 있습니다만, 다 봉건잔재의 소리입니다. 모시기는 무슨 할아버지를 모십니까? 받들기는 뭐 상전을 받듭니까? 이러므로 만일 주인 되는 국민들이 언제나 '당신, 일을 잘못했으니, 그만 가소'하면 두 마디가 없는 것입니다. '대단히 미안합니다. 나는 일을 잘못했으니, 나는 물러가겠습니다' 하고 가야 합니다. (박수)

요새는 어떻게 되었는가 하면 '가거라' 하면, '가? 어딜 가. 날더러 가라구? 당치 못한 소리.' 실례에 가까운 말이지만, 논을 갈 때 논 속에 많은 거머리가 정강이에 딱 달라붙으면 암만 뗄려구 해도 자꾸 파고 들어갑니다. 거머리 달라붙듯이 딱 붙어 떨어지지 않습니다. (…)

우리나라의 신문이나 영화를 보면, 봉건시대에나 썼던 계급적 용어가 얼마든지 아주 상투적으로 나옵니다. 습관이 되어서 그런 줄도 모르고 그대로 줄줄 써 내려온단 말입니다. 각하(閣下)가 왜 그렇게 많은지. '각하', '각하'는 민주국가의 알 수 없는 취미예요. 원칙으로 '각하'는 '다리 아래'가 각하입니다. 다리 아래." (우레 같은 박수)

10 유머의 힘을 알았던 레이건의 스피치

유머와 명연설가로 유명했던 레이건

때로는 유명한 프로의 발자취를 따라가는 것이 성공으로 가는 지름길일 경우가 있다. 프로들의 성공 비결은 놀라울 정도로 간단하고 흉내 내기도 쉽기 때문이다.

촌철살인의 유머와 명연설가로 정평이 난 영화배우 출신의 미국 대통령 로널드 레이건(Ronald Reagan), 1984년 재선에 나설 때 그의 나이는 73세의 고령이었다. 53세인 월터 먼데일은 TV토론 때마다 레이건의 나이가 너무 많다는 것을 문제 삼았다. 그러자 레이건은 이렇게 받아쳤다.

"나는 이번 선거에서 나이를 문제 삼지 않겠습니다. 당신이 너무 젊고 경험이 없다는 걸 정치적 목적에 이용하지 않겠다는 것입니다."

선거 결과는 레이건의 압도적인 승리였다.

토론뿐만 아니라 죽음의 문턱에서도 그는 유머를 잃지 않기로 유명했다.

1981년 3월 30일, 워싱턴DC 힐튼호텔 앞에서 여섯 발의 총성이 울렸다. 쓰러진 사람은 미국의 현직 대통령 레이건이었다. 혼비백산한 경호원들이 레이건을 병원으로 옮겼다. 그런 와중에도 레이건이 농담을 했다.

"총알을 맞고도 죽지 않은 것은 정말 기분 좋은 일이야."

그러고는 아내 낸시에게 이렇게 말했다.

"여보, 총알이 날아올 때 납작 엎드리는 걸 깜빡했어."

어디 그뿐인가. 그는 수술하려고 온 의사들에게도 농담을 던졌다.

"당신들은 물론 공화당원이겠지요?"

이 말을 들은 주치의가 빙그레 웃으며 대꾸했다.

"각하, 우리는 최소한 오늘만은 모두 공화당원입니다."

수술은 무사히 끝났고 레이건은 의식을 회복했다. 측근들이 근심스런 표정으로 대통령을 둘러싸자, 레이건은 아쉽다는 표정을 지으며 한마디 내뱉었다.

"할리우드에서 이렇게 저격당할 정도로 관심을 끌었다면 배우를 그만두지 않았을 텐데……."

그의 위트 있는 한마디가 경직된 병실에 잔잔한 웃음을 퍼뜨렸다.

레이건 대통령이 성공할 수 있었던 여러 요인 가운데 그의 능력은 설득력 있는 스피치의 힘이었다. 당신이 초보자이건 숙련된 연사이건

간에 스피치를 준비하고 잘하기 위해서는 레이건의 스피치 비결을 연구해볼 필요가 있다. 여기서는 20세기 최고 연사였던 로널드 레이건 미국 대통령의 자서전을 토대로 위대한 스피커의 스피치 성공 노하우에 대해 알아보자.

스피치 성공을 위한 레이건의 7계명

1. 연설문을 직접 작성하라

레이건은 백악관에 들어가기 전까지 모든 연설을 직접 썼다고 한다. 대통령이 되자 공적인 자리에 많이 참석해야 하고, 다른 공식 일정도 많았기 때문에 스피치 원고를 직접 쓸 시간이 없을 때에는 스피치라이터의 도움을 받았다. 그는 연설에 자부심을 느끼고 있었기 때문에 스피치라이터에게 자신이 말하고자 하는 주요 메시지를 알려주고 그것을 기초로 초안을 만들게 했다.

2. 짧은 문장을 사용하라

레이건의 스피치라이터들은 레이건이 과거에 연설했던 원고의 사본을 통해 레이건의 연설 방법을 알게 되었다. 레이건은 짧은 문장을 선호했으며, 한 음절로 대신할 수 있는 말이 있을 때는 두 음절 단어를 사용하지 않았다.

3. 예화를 사용하라

레이건은 가능한 한 예화를 많이 사용했다고 한다. 일반적으로 사람들은 이야기를 좋아하는 편인데, 예화는 이해하기 쉬울 뿐만 아니라 재미있고 교훈적이기 때문이다. 레이건은 "하나의 예화가 설교보다 낫다"고 강조했다.

4. 단순한 언어를 사용하라

레이건이 보기에 스피치라이터들의 원고 작성 능력은 뛰어났지만 원고 내용을 말로 옮길 때에는 말이 복잡하거나 거만해 보이는 어투라고 생각했다. 레이건은 그들에게 다음과 같이 주문했다. "단순한 언어를 사용하시오. 저기에 앉아 있는 사람들이 내가 말하는 것을 이해할 수 있어야 합니다."

5. 개인에게 말하는 것처럼 스피치하라

레이건은 많은 사람 앞에서나 TV에서 오랜 시간 말할 때 친구들에게 하는 것처럼 자연스럽게 말하려고 노력했다. 수백만 명의 청중이 아니라 거실이나 이발소 안에 있는 소수의 사람들 앞에서 말하는 것처럼 말이다.

6. 유머나 이야기로 시작하라

레이건의 연설 형식의 특징은 맨 먼저 농담이나 이야기로 시작한다는 점이다. 청중의 주의를 끌기 위한 전략이다. 그러고 나서 '무엇을 말할 것인가?'를 말하고, 그 다음에 '무엇을 말했는가?'를 또 말했다. 유머가 청중의 주의를 끄는 데에는 매우 좋은 방법이라는 것을 레이건은 알고 있었다. 그래서 수년 동안 연설에 사용할 인용구와 유머를 수집했다고 한다. 실제 연설에서는 그것을 인용하여 청중이 좋아할 만한 이야기를 주로 했다.

7. 스피치 원고를 가지고 다녀라

레이건은 화면 기계장치인 프롬프터 때문에 곤란을 겪은 적도 있었지만 항상 스피치 원고를 가지고 다니는 습관 때문에 위기를 모면할 수 있었다고 한다. 그러나 원고를 가지고 다니는 것이 언제나 완벽했던 것은 아니었다.

어느 추운 날, 레이건은 코트를 입고 베네수엘라 대통령의 공식방문 환영식에 참석했다. 그는 환영사를 하기 위해 주머니에서 원고를 꺼내 읽을 준비를 했다. 원고 서두에는 이렇게 쓰여 있었다.

"존경하는 룩셈부르크 국왕 각하!"

레이건은 분명 잘못 쓴 원고라는 것을 깨닫고 즉흥연설을 하려다가 한 달 전 같은 코트를 입고 룩셈부르크의 국왕과 왕비를 맞이했던 것을 기억해냈다. 다행히 제대로 된 원고가 코트의 다른 주머니에 있었기 때문에 당황한 그 순간에도 환영사를 계속할 수 있었다고 한다.

11
단점을 이겨낸 연습벌레 케네디의 스피치

케네디 대통령도 이렇게 훈련했다

1947년 미국 보스턴의 캠모어 호텔, 제2차 세계대전 참전용사들의 모임에서 많지도 않은 청중을 상대로 서른 살의 초년생 하원의원인 존 F. 케네디가 대외정책에 관한 연설을 하고 있었다.

그는 외교정책에 관한 지식도 있고 위트도 있었지만 그의 목소리는 깊이가 없었고 성량도 부족했으며 게다가 연설 도중에 '아', '어' 등 쓸데없는 군소리를 자주 했다. 게다가 강한 보스턴 악센트를 사용했으며 상의 주머니 속에 손을 넣고 동전을 딸랑거리는 것처럼 연신 흔들어댔다. 연사로서는 나쁜 버릇이었다. 당시의 모습만으로는 그가 훗날 대중을 사로잡는 명 스피커로서 미국의 대통령이 될 면모는 아니었다고 한다.

그러나 케네디는 자신이 지니고 있던 연설 능력의 한계를 알고 있었다. 또한 훌륭한 연설가는 만들어지는 것이지 태어나지 않는다는 사실도 잘 알고 있었다.

그는 프랭클린 루스벨트 대통령이나 윈스턴 처칠 총리 같은 사람도 훌륭한 연설 능력을 익히기까지 많은 시간을 소비했다는 사실도 잘 알고 있었다. 그래서 그는 앞으로 어떻게 해야 한다는 것을 알고 있었으며, 노력을 게을리하지 않았다.

케네디는 기회 있을 때마다 연설을 자주 했다. 유창하고 아름다운 말을 하기 위해 좋은 문학작품을 수시로 읽었으며 보스턴대학의 스피치 교수로부터 지도를 받기도 했다.

그리고 연설하기 전에는 반드시 예행연습을 했다. 나약한 목소리를 보강하기 위해 발성연습도 했고, 보스턴 악센트를 억제하기 위해 녹음기를 이용한 발음훈련도 했다. 훌륭한 연설가의 연설을 관찰하였고, 사회적 정치적인 문제들에 대한 논설을 작성해보기도 했다.

이렇게 십여 년 동안 계속된 노력은 사실상 1960년 당시 부통령이던 리처드 닉슨과의 중요한 TV연설 대결의 준비를 오래전에 끝낸 것과 마찬가지였다. 그 연설로 케네디는 대통령 선거전을 승리로 이끄는 기선을 제압했으며 마침내 미국의 최연소 대통령에 당선되었던 것이다.

불과 40대의 나이에 세계에서 가장 강력한 나라의 대통령이 된 '뉴프런티어의 기수' 케네디의 이미지는 그가 훌륭한 스피치를 구사할 줄 아는 연사로 성장하는 과정에서 함께 다듬어지고 완성된 것이다. 물론 케네디가 성공한 데에는 재력과 높은 교육 수준, 가문의 전통성, 그리고 영리한 두뇌와 유머감각, 훌륭한 외모 등도 뒷받침되었다.

만약 당신이 그와같은 여건을 갖고 있지 않더라도 명 스피커가 되기 위해 케네디가 한 노력의 반만이라도 열심히 해본다면 분명 훌륭한 연사가 될 수 있다. 명 스피커가 되는 최우선 조건은 자신감과 부단한 연습이기 때문이다.

스피치 능력 향상을 위한 훈련 방법

"모든 훌륭한 연설가들도 처음에는 형편없는 연설가였다."

미국의 철학자이며 유명한 강연가였던 에머슨의 말이다. 훌륭한 연설가는 후천적으로 만들어지는 것이지 선천적으로 태어나는 것이 아니라면, 어떻게 해야 명 스피커가 될 수 있을까? 여기 당신의 스피치 능력을 향상시키기 위한 훈련 방법 5가지를 소개한다.

1. 모든 스피치의 기회를 활용한다

서바이벌 TV 프로그램 〈나는 가수다〉가 한창 인기를 끌고 있을 때다. 내로라하는 가수들이 살아남으려고 전력투구한 모습은 우리에게 감동을 선사했다.

스피치도 마찬가지다. 잘하면 박수를 받고 못하면 창피를 당하는 것이다. 스피치할 기회가 있으면 무조건 해야 한다. 스피치 기술 향상의 지름길은 실전이다.

2. 명 스피커의 스피치를 관찰하며 배운다

공자는 "미친 사람 말 가운데도 세 마디는 골라 쓸 게 있다"고 했다. 하물며 정상적인 사람에게서는 얼마나 배울 점이 많은가?

특히 명 스피커에게는 남다른 노하우가 있다. 그 기술을 관찰해서 배우고 익혀야 한다. 창조는 모방에서 이뤄지며 훌륭한 모델은 훌륭한 스승이다.

3. 훌륭한 작품이나 명연설문을 많이 읽는다

"알아야 면장을 한다", "아는 것이 힘이다"라는 말이 있다. 모든 학문이나 기술이 그렇듯이 스피치도 알아야 할 수 있으며 아는 것이 스피치의 원동력이다.

연사는 풍부한 지식과 식견을 갖출 수 있도록 많은 독서를 해야 하며 특히 명연설문을 많이 읽어야 한다.

4. 어휘력을 증진시키기 위해 사전을 이용한다

품격 있는 스피치는 품위 있는 말에서 나온다. 적절하고 정확한 어휘 선택을 위해서는 사전을 가까이해야 한다. 사전은 그야말로 어휘의 보고이다. 독서를 통해서 어휘력을 기르는 것이 가장 바람직하지만 단기간에 어휘력을 확장시키고 싶다면 사전을 이용해 어휘에 대한 지식을 얻으면 좋다.

5. 작문 연습을 많이 한다

좋은 드라마는 대본이 좋듯이 훌륭한 스피치 역시 연설문이 좋아야 한다. 웅변가 데모스테네스는 연설문을 멋지게 만들기 위해 역사가 세지데이즈의 저서를 여덟 번이나 베껴 쓰는 노력을 했다.

습작에서 명문이 나온다는 사실을 명심하고 많이 써야 한다.

6. 녹음기나 비판해줄 사람을 곁에 두고 예행연습을 한다

연습의 중요성은 아무리 강조해도 지나치지 않는다. 그러나 혼자서 하는 연습은 위험하다.

연사의 스피치를 객관적으로 평가해줄 사람이 필요하다. 그것이 불가하다면 혼자 연습하더라도 발음이나 발성의 문제점을 파악할 수 있도록 녹음기를 사용하는 것이 필수이다.

12
대중연설의 천재
히틀러의 스피치

대중을 사로잡은 천재 히틀러

이기면 충신이요 지면 역적이라고 했던가. 전쟁의 미치광이, 유대인 대량학살의 원흉, 국민을 오도시키고 독재자로 지탄을 받은 인물 아돌프 히틀러(Adolf Hitler).

그러나 한편으로는 1차 세계대전 패전 후 독일의 참상을 부흥시킨 탁월한 정치가, 다양한 개혁으로 독일을 재건한 지도자, 대중연설의 천재라는 평가도 있다. 히틀러의 도덕성 문제는 차치하고 명연설가의 반열에서 그는 결코 빼놓을 수 없는 인물 중의 하나이다. 1933년 정권을 장악하고 총리가 된 그의 첫 연설을 들어보자.

"독일인이여! 금년 1월 30일 독일에 새로운 정부가 탄생했습니다.

저를 비롯한 국가사회주의자들도 이 정권에 참여했습니다. 이제 전제조건은 달성되었다고 생각합니다. 이 전제조건을 쟁취하는 것이 지금까지의 목적이었습니다.

1918년 전쟁이 끝났을 때쯤 수백만의 독일인들과 마찬가지로 나는 독일은 잘못이 없다고 생각했습니다. 전쟁이 시작된 이유부터 전쟁에서 진 이유까지 독일의 정치적인 상황도 책임이 없다는 것입니다. 난 8백만에서 1천만 명에 달하는 군인 중 하나일 뿐이었습니다.(박수)

지금 독일이란 나라는 과거에 있었던 일만을 자랑할 수 있게 되었고 현재의 일에는 부끄러워 얼굴조차 못 들게 되었습니다. 나라의 외교정책은 없어지고 경제적으로는 불안해졌으며 나라 전체가 점점 무너져 가기 시작했습니다. 이 나라는 점점 붕괴하여 썩어 가고 해체되어갈 뿐입니다. 그리고 국가에 대한 국민의 믿음도 점점 사라져 가기 시작했습니다. 이 모든 것들은 누군가가 가지고 왔습니다. 1918년 11월 그 인간들로부터 시작된 것입니다.(옳소, 열렬한 박수)

그리고 우리는 계층들이 무너져 가는 것을 목격했습니다. 절망에 빠져 있는 중산층, 망가져 버린 수백 수천의 삶들, 해마다 모든 게 나빠질 뿐이며 수십만의 사람들이 파산하고 있습니다. 실직자들은 점점 그 수를 더해가고 있습니다. 1백, 2백, 3백… 4백만… 5백만… 6백만… 7백만, 아마 지금 그 숫자는 7

백에서 8백만에 이를 것입니다.

언제까지 이대로 보고만 있을 것입니까? 저는 확신을 가지고 말합니다. 이제 우리는 더 늦기 전에 행동을 취해야 한다고.

그러므로 저는 1월 30일에 저를 지지하는 당과 7명의 협력자, 그리고 1천200만의 강력한 여러분과 함께 이 나라를 살리기로 굳게 결심했습니다.(환호, 열광적인 박수)

14년 동안 이 운동을 이루기 위해 끊임없이 일해온 저와 함께 그리고 7명에서 1천200만 명으로 성장한 저와 우리는 모두 열심히 노력하고 일할 것입니다. 독일의 새로운 부활을 위해서!(환호와 열광적인 박수)

독일인들이여! 우리에게 4년만 더 주십시오. 저는 맹세합니다. 그것을 이루었을 때 저는 떠날 것입니다. 나는 보상을 받기 위해서 이 일을 하는 것이 아닙니다! 오로지 여러분을 위해서 행동하는 것입니다."(전원 기립, 환호와 박수의 물결)

실제로는 장대한 연설이지만 여기 소개한 것은 일부분이다. 연설은 글로 읽기보다는 실제의 음성과 표정, 제스처를 보아야 실감이 난다. 히틀러의 연설은 특히 그렇다. 더 관심이 있는 사람은 인터넷 동영상 〈의지의 승리〉라는 기록영화를 참고하기 바란다.

히틀러 스피치의 비결 3가지

히틀러는 '연설이야말로 세상을 움직이는 가장 큰 무기'라고 생각했다. 그래서 그는 이 비장의 무기를 갈고 닦아 최강의 무기로 만들었고, 이를 활용하여 하사관에서 독일 최고의 총통에까지 오른 인물이 되었다. 역사상 위인들 대부분이 무력으로 정권을 쟁탈했으나 히틀러만은 연설로써 90%라는 압도적인 국민의 지지를 받아 최고 권좌에 올랐다.

대중을 사로잡은 그의 연설의 비결은 무엇일까? 그의 기법을 벤치마킹해보자. 히틀러의 스피치 특징을 요약하면 '신비로운 등장', '알기 쉬운 내용', '군중을 흥분시키는 열정적인 연설 방식'이다. 좀 더 구체적으로 알아보자.

사전행사로 분위기를 띄우고 신비롭게 등장한다

히틀러는 신비한 이미지를 유지하기 위해 섣불리 대중 앞에 모습을 드러내지 않았다. 또한 연설효과를 극대화하기 위해서 반드시 사전행사를 기획하였다. 악대의 연주라든가 사회자를 활용해 연설 분위기를 북돋웠다. 한창 분위기가 고조되었을 때 그는 사회자로부터 소개받고 등장했는데, 소개자는 20세기 최고의 정치 연출가였던 나치스 정권의 선전부장관 괴벨스였다. 그의 소개말에 맞춰 등장한 히틀러는 환호하는 청중석이 조용해질 때까지 청중을 바라보았다.

대의명분을 내세우고 알기 쉬운 내용으로 말한다

"대중의 이해력은 작지만 망각의 힘은 크다"고 히틀러는 분석했다. 그래서 '독일의 부흥'이란 대의명분 아래 '정부'나 '유대인'을 공동의 적으로 몰아세워 청중을 분노하게 만든 다음, 통쾌하게 비판하였다. 그는 슬로건 '일자리와 빵을!' 같은 누구나 알 수 있는 쉬운 말로 연설했으며, 같은 의미의 말을 표현을 조금씩 바꾸어가며 대중에게 반복 주입하는 데에 강했다. 메시지가 단순할수록 대중은 감정적으로 흥분하게 되고 연사에 대한 호감도가 높아질수록 설득력은 강해지기 때문이다.

군중이 동화되어 흥분하도록 열정적으로 말한다

히틀러는 처음에는 부드러운 음성으로 연설을 시작하다가 곧 피치를 올려 연설의 마지막까지 열변을 토한다. 그리고 절정에 이르면 연설을 마치고 미련 없이 연단에서 내려온다. 그의 말을 듣는 청중은 신의 음성이라도 듣는 것처럼 황홀경에 빠져들었다고 한다. 특히 표정, 제스처, 자세 등의 몸말(body language) 연습에 그는 열심이었다고 한다. 히틀러는 온몸으로 말해야 연사 자신의 감정도 살아나고 청중도 연사에게 몰입한다는 사실을 잘 알고 있었기 때문이다.

13
논리적이고 단호한 대처의 스피치

가장 무서운 무기는 '총리의 말'

2013년 박근혜 대통령이 취임하면서 대한민국 헌정 사상 최초의 여성대통령 시대가 개막되었다. 박 대통령은 취임식에서 '경제부흥과 국민행복, 문화융성'을 통해 희망의 새 시대를 열겠다고 강조했다. 그녀가 과연 잘해낼 것인가 하는 우려도 없지 않지만 어느 대통령보다 잘하기를 바라면서 여성 통치자의 본보기로 영국 최초의 여성 총리가 된 마거릿 대처(Margaret Hilda Thatcher)를 소개한다.

'사상 최대의 제국'을 자랑했던 영국의 국력은 세계대전 이후 내리막길을 걸었다. 1970년대의 영국은 과도한 사회복지와 노조의 막강한 영향력으로 인해 국가의 재정 적자는 나날이 늘어갔다. 끊이지 않는 노사분규 때문에 국가경제는 파탄 지경에 이르러 국민의 살림살이는 한마디로 비참하였다.

이러한 상황에서 1979년 총리에 취임한 대처는 "파업으로부터 국가경제를 살리겠다"고 장담하고 나섰지만 수구세력의 저항은 너무나도 완강했다.

그녀는 좌익이 지배하는 노조의 불법행위를 진압하고 잘못된 사회를 바로잡기 위해서는 국가 개혁이 필요하다고 생각했다. 그래서 우선 그에 걸맞은 법률을 제정하여 통과시키고 그 법률에 의거해 수구세력들과 싸웠다.

만성 적자에 허덕이던 국영 탄광을 구조 조정하는 과정에서 탄광노조의 파업은 1년여를 끌었다. 이에 대처 정부는 경찰의 기마대를 동원하여 불법시위를 강경하게 진압했다. 당연히 많은 부상자가 속출했다. 대처 총리는 여론 수습을 위해 다음과 같은 연설을 했다.

"여러분들은 어제 텔레비전을 통해서 그 광경을 보셨을 줄 압니다. 어제 광경은 법치를 폭력으로 뒤바꾸려는 책동이었습니다. 그것이 성공하도록 내버려둬선 안 됩니다. 저들의 시도는 실패할 것입니다. 첫째, 훌륭한 경찰이 있습니다. 그들은 자신들의 직무를 용감하게 그러나 공정하게 집행할 수 있도록 잘 훈련되었습니다. 둘째, 압도적 다수의 영국인들은 명예를 중시하고 점잖으며 법을 준수하는 이들입니다. 이들은 협박에 굴복하지 않습니다. 저는 시위대를 뚫고 일터로 나간 분들의 용기에 경의를 표합니다. 법치는 폭력을 제압해야만 합니다."

대처 총리는 탄광노조와 대결하는 데에 있어서 '총리의 말'을 가장 무서운 무기로 사용했다. 대처의 말은 논리적이고 단호했다. 이런 말이 탄광노조와 맞서는 경찰에게는 힘이 되었고, 파업을 반대하는 대중에게는 논리적 근거를 제공하였다.

영국의 자존심을 살린 결단력

그녀는 국가를 위한 일이라면 어떤 반대에도 굴하지 않고 신념을 관철시켰다. 그 좋은 예가 포클랜드분쟁이다. 1982년 아르헨티나가 남대서양의 영국령 포클랜드를 점령했다는 소식이 전해졌다. 대처나 영국 정부 관계자 누구도 영토 탈환을 장담할 수 없는 상황이었다.

그러나 대처는 영국 함대를 파견해도 승리를 장담할 수 없다는 예측과 정치적 후폭풍에 의한 실각의 위험에도 불구하고 강경하게 대응하기로 결심했다. 그녀는 외교적 타협을 권하는 내외의 목소리를 일축하고 해군기동부대를 급파했다. 총리관저 앞에는 전쟁에 반대하는 시민들의 데모가 연일 이어졌다. 그러나 대처는 단호하게 말했다.

"멀리 떨어져 있다고 해도 포클랜드는 영국의 영토입니다. 이를 침범하는 자는 철저하게 두들겨 부셔야 합니다. 인명을 희생해서라도 우리는 영국 영토를 지켜야 합니다. 왜냐하면 국제법상 힘의 행사로 극복하지 않으면 안 되기 때문입니다."

전투가 한창이던 5월 31일, 미국의 레이건 대통령이 대처에게 전화를 했다. 그는 대처에게 "아르헨티나에게 항복을 강요해 굴욕을 안겨주지 말고 적당히 끝내자"고 설득했다. 하지만 대처는 "알래스카가 침공당했다면 당신도 똑같이 했을 것"이라고 응수하며 레이건의 제의를 일축했다.

결과적으로 전쟁 시작 75일 만에 영국은 아르헨티나로부터 항복을 받아냈다. 대처는 "대영제국의 영광이 되살아났다"며 한껏 기뻐했다. 포클랜드분쟁에서 승리하자 그녀의 지지율은 73%를 기록하며 그녀의 정치적 지반을 튼튼히 해주었다. 그 후 그녀는 영국 경제의 재생에 성공했다.

대처의 성장과 스피치 특징

마거릿 대처는 1925년, 영국의 작은 마을에서 식료품점을 운영하던 부모 아래서 태어났다. 그녀에게 '식료품집 딸'이라는 꼬리표가 붙어 다녔지만 그녀의 아버지 알프레드 로버츠는 딸이 대학에 진학할 즈음에는 그랜덤 시장에 취임했다. 대처는 '검소절약', '자기책임', '자조노력'이란 가훈과 아버지의 영향을 많이 받았다. 아버지는 지역의 명사로 사랑받아 집에는 손님이 끊이질 않았는데, 손님이 오면 어린 대처에게 의견발표를 시켰다. 아버지가 시장 선거에 출마했을 때 선거운동에 적극 참여한 것이 훗날 정치인 대처의 밑거름이 되었다.

대처는 옥스퍼드대학에서 화학을 전공하고 1953년 변호사자격을 취득했으며 1959년 하원의원에 당선해 정계에 진출했다. 그리고 1968년 교육부장관을 거쳐 1974년에는 보수당 당수, 1979년 영국 최초로 여성 총리가 된 이래 11년 동안 집권하면서 영국의 경제를 살려낸 역사적 인물이 되었다.

정치인으로서 대처는 유머 감각이 별로 없었다. 그녀의 스피치 표현은 거창하거나 화려하지 않았으며 그녀는 꼭 필요한 말만을 했다. 그래도 그녀가 두각을 나타낼 수 있었던 것은 필요한 때 꼭 필요한 말을 했다는 점이다. 그녀는 과학도 출신답게 연설에서도 정확한 통계 수치와 계량적 지표 등을 내세워 청중의 신뢰감을 높였다. 그리고 무엇보다 여성이면서도 당차고, 열정적이고, 강철 같은 의지를 내보인 점은 그녀를 더욱 두드러지게 만들었다.

14
비전과 자존심을 강조한 드골의 스피치

프랑스인의 자존심을 드높인 명연설

2차 세계대전 때인 1940년 5월 프랑스가 독일에 항복하자 샤를 드골(Charles De Gaulle)은 런던으로 망명하여 망명정권인 '자유 프랑스'를 수립하고 대독항전을 주장했다. 이때 그는 〈프랑스인이여, 아직은 끝나지 않았다!〉는 라디오 방송 연설을 통해 프랑스 국민에게 나치스에 저항할 것을 호소함으로써 국민을 결집하는 역할을 했다. 다음은 1940년 6월 22일 있었던 그의 명연설이다.

"프랑스 정부는 독일에 휴전을 요청한 이래 적의 예속하에 있습니다. 머지않아 프랑스의 육해공군은 완전히 무장 해제될 것이며 우리 군은 적의 하인이 되어 프랑스 국가는 독일과 이탈리아의 속국이 될 것입니다. 이 휴전은 분명 예속되는 것입니다.

그러나 대다수의 프랑스인은 결코 예속을 인정하지 않습니다. 왜냐하면 '명예'와 '상식'과 '최상의 국익'이라는 이유가 우리에게 있기 때문입니다.

나는 '명예'라고 말했습니다! 프랑스는 연합국과의 동의 없이는 무기를 내려놓지 않겠다고 맹세했기 때문입니다. 연합국이 전투를 계속하는 한 우리 정부는 적에게 굴복할 권한이 없습니다. 폴란드 정부, 노르웨이 정부, 벨기에 정부, 네덜란드 정부, 룩셈부르크 정부, 그리고 그 나라의 모든 계층의 사람들도 자신의 책임을 다하기로 했습니다.

나는 '상식'이라고 말했습니다! 전쟁에 졌다고 생각하는 것은 비상식적이기 때문입니다. 확실히 우리는 크게 패배했습니다. 앞서 치른 전투에서 우리의 군사조직은 열악했고 작전지휘는 실수를 범했습니다. 국민들 사이에는 전쟁을 피하려는 분위기가 가득해서 우리 프랑스는 전투에서 패했습니다. 하지만 아직 우리에게는 더 넓은 영토와 손상되지 않은 함대와 자금도 남아 있습니다. 우리에게는 엄청난 자원이 있고 해양을 지배하고 있는 동맹국이 있습니다. 또한 우리 뒤에는 엄청난 잠재력을 가진 미국이 있습니다. 우리는 앞서 패한 전쟁에서 5천 대의 항공기와 6천 량의 전차로 싸웠습니다. 그러나 이번에 다시 전쟁을 하면 2만 대의 항공기와 2만 량의 전차로 우리는 반드시 승리할 수 있습니다.

나는 '최상의 국익'이라고 말했습니다! 이번 전쟁은 프랑스와 독일 간의 단순한 전쟁이 아니기 때문입니다. 이 전쟁은 세계대전입니다. 오늘 중립적인 나라가 내일도 그럴 거라고는 아무도 장담할 수 없으며, 독일의 동맹국이 내일도 그대로 동맹이라고 말할 수 없습니다. 만약 자유주의의 군대가 프랑스의 적을 발아래 굴종시킨다면 어떻게 될까요.

우리의 명예와 상식, 국익이 자유 프랑스인 모두에게 전투를 계속하도록 명령하고 있습니다. 그리고 프랑스인은 전력을 다해 계속 싸울 것입니다. 그러므로 모든 곳에서 최대한 프랑스의 힘을 결집해야 합니다. 재집결할 수 있는 자들은 모두 프랑스군의 일원이 되어 프랑스 군수 생산의 잠재력을 믿고 자신의 자리에서 프랑스를 위해 노력해야 합니다.

이렇게 말하고 있는 나, 드골 장군도 여기 영국에서 국민의 한 사람으로 의무를 다하고 있습니다. 저는 지금 영국에 체류하고 있거나 이곳으로 대피해온 프랑스 육해공군의 군인들 그리고 프랑스의 기술자, 노동자, 군수전문가들에게 내 휘하로 집결할 것을 촉구합니다.

지금 육해공군의 각 부서에 있는 프랑스 장병들은 나와 함께 싸우기를 촉구합니다. 나는 자유를 바라는 프랑스인 모두에게 내 목소리에 귀를 기울이고 나를 따라올 것을 촉구합니다. 영광과 독립 아래 자유 프랑스 만세!"

불멸의 지도자 드골 대통령의 리더십

드골은 프랑스의 자존심과 명예를 지켜낸 '자유 프랑스'의 지도자이자 제5공화국을 출범시킨 주역이며, 제5공화국의 첫 번째 대통령이 되었다. 그는 2차 세계대전 후 유럽체제를 재창조한 불멸의 대통령으로 국민으로부터 추앙받은 인물이다. 그의 리더십에는 몇 가지 특징이 있다.

국민과 소통할 줄 알았다

독불장군은 없다. 소통 능력은 조직을 구성하는데 필수이다. 국가를 살리는 일에 국민과의 소통이 우선임을 알았던 그는 런던에서 BBC방송을 통해 국민에게 항전의식을 고취시키고 결집을 호소했다. 그는 처칠 총리를 비롯한 연합국과의 소통으로 프랑스를 구하는데 성공했다.

비전 제시로 희망을 주었다

조직이 하나로 뭉쳐 전진하기 위해서는 리더의 비전 제시가 필수적이다. 조직의 목표, 방향이 명확하게 정해져 있지 않으면 조직원은 우왕좌왕하다가 뿔뿔이 흩어지고 만다. 드골은 '자유 프랑스'라는 슬로건을 내걸고 정확한 안목으로 대독항전에서 승리할 수 있는 요소들을 제시하며 절망에 빠진 국민들에게 희망을 주었다. 그리고 그 희망은 프랑스 국민을 다시 움직이게 만들었다.

신념과 행동력이 있었다

지도자는 조직에 비전을 제시하는 것과 동시에 자기 신념을 가져야 한다. 신념은 목표를 달성하는 원동력이고 행동하게 만드는 추진력이다. 드골은 프랑스 정부가 항복을 선언하기 5일 전에 영국으로 망명하여 '프랑스의 지도자'를 자처했다. 그는 남은 병력을 결집시키고 동맹국의 협조를 이끌어내어 프랑스의 자존심을 지켜냈다. 그리고 승전국으로서의 위상을 높였다.

경제를 안정시킬 줄 알았다

현대사회는 경제가 곧 국력이다. 경제가 흔들리면 국가의 안정도 없다. 세계대전의 후유증으로 당시 프랑스 국민의 살림살이는 무척 어려웠다. 그래서 그는 정권을 잡자마자 서민경제를 최우선으로 살려놓고 건전한 통화정책으로 경제를 안정시켜 나라의 중심을 잡았다.

도덕적으로 청렴결백했다

최고의 권좌인 대통령직을 은퇴하고 그가 찾아간 고향집에는 낡은 책상과 의자, 타자기 한 대가 전부였다. 그는 "나는 모든 특권, 격상, 위엄, 표창, 치장을 거절한다"는 유언장을 남겼다. 그래서 그의 묘비에도 'Charles de Gaulle: 1890~1970'이라고만 적혀 있다. 뿐만 아니라 드골은 정부가 퇴임한 대통령에게 주는 연금과 가족들에게 주는 연금도 모두 불쌍한 국민들을 위해 사용하도록 했다. 세상에 둘도 없는 지도자의 본보기가 아닌가.

15
동기부여가 확실한 나폴레옹의 스피치

나폴레옹 황제와 노병의 일화

1814년 1월, 프랑스 군대의 사열이 시작되었다. 장병들이 엄숙하게 정렬해 있는 한복판을 나폴레옹(Napoleon Bonaparte)이 말을 타고 사열하다가 문득 한 노병에게 눈길을 고정했다. 그는 '하사' 계급장을 달고 있었는데 낯익은 얼굴이었다.

"오래전에 어디선가 만난 것 같은데 자네 이름은 무엇인가?"

나폴레옹의 질문에 병사는 뺨에 홍조를 띠면서 답했다.

"노엘입니다. 폐하!"

기억이 되살아나는 듯 나폴레옹이 다시 물었다.

"나와 함께 이탈리아 원정에 참전하지 않았는가?"

"네! 아르콜레 다리에서 함께 싸웠습니다."

병사는 자랑스럽게 대답했다.

아르콜레 전투(1795~1796년)는 이탈리아 원정에서 젊은 나폴레옹이 격렬한 포화에도 기죽지 않고 삼색의 혁명 깃발을 휘두르면서 적진에 돌입하여 전쟁을 승리로 이끈 유명한 전투이다. 그 병사는 20년 가까이 나폴레옹과 생사를 함께해온 것이다.

"그래, 생각이 나는군. 그럼 언제 하사가 되었나?"

"마렝고 전투에서였습니다."

마렝고 전투는 1800년 나폴레옹이 역전한 유명한 전투이다. 이 병사는 그 치열한 전투에서도 활약한 것이다. 나폴레옹이 또 물었다.

"근위병(황제 직속부대)에 지원하지 않은 것인가?"

"제 유일한 소원이었습니다. 그래서 아우스터리츠, 바그람 등 모든 전투에 참가했습니다."

"그렇겠지. 그래서 훈장 후보에는 올랐는가?"

"타지는 못했지만 매번 올라가기는 했습니다."

'세상에 이럴 수도 있는가. 치열한 전투에서 용감하게 싸워온 용사에게 훈장도 수여하지 않았다니…….'

무관(無冠)의 노병을 보게 된 나폴레옹은 휘하의 대령을 불러 무언가를 지시했다. 그리고 나폴레옹은 자신이 달고 있던 프랑스 최고의 훈장인 '레지옹 드 누르 훈장'을 노병의 가슴에 손수 달아주며 말했다.

"노엘! 그대는 이 훈장을 받을 자격이 있다. 왜냐하면 그대는 이전부터 용사였기 때문이다!"

그리고 북소리가 울렸다. 엄숙하기 그지없는 가운데 대령이 큰 소리로 외쳤다.

"황제의 이름으로 노엘 하사를 연대의 소위로 임명한다!"

만년 사병이던 그가 갑자기 장교로 승진한 것이다. 축하의 나팔소리가 울려 퍼졌다. 노병은 꿈을 꾸는가 싶었다. 그러자 나폴레옹의 신호와 함께 다시 북이 울리고 대령이 외쳤다.

"황제의 이름으로 노엘 소위를 연대의 중위로 임명한다!"

연달아 승진이었다. 그리고 세 번째 북이 울렸고 대령이 또다시 큰 소리로 외쳤다.

"병사들이여! 황제의 이름으로 노엘 중위를 연대의 대위로 임명하노니 깍듯이 대우하라!"

노병은 감격한 나머지 쓰러질 뻔했다. 한 번도 운 적이 없는 노병은 눈시울을 적시며 감격의 순간을 맞았다. 나폴레옹은 곧바로 말 잔등에 올라타고 마지막 열병을 계속하였다.

이 얼마나 가슴 벅찬 드라마이며 카리스마 넘치는 통솔력인가.

나폴레옹 스피치의 특징

인류 역사상 영웅열전에서 결코 빼놓을 수 없는 인물이 나폴레옹이다. 그가 성공한 요인은 여러 가지가 있지만 가장 큰 원동력은 한마디로 '화력'이다.

화력에는 두 가지가 있다. 하나는 불화(火)자, 힘력(力)자로 '불의 힘(火力)'을 잘 활용할 줄 알았다는 것이며 또 하나는 말할 화(話)자, 힘 력(力)자로 '말의 힘(話力)'을 잘 활용할 줄 알았다는 것이다.

나폴레옹은 파리육군사관학교 포병 병과를 나와 포병 소위로 출발했는데 그로 인해 그는 대포의 명수였을 뿐만 아니라 화력(火力)의 사용에 능했다. 그러나 화력만 가지고는 전쟁에서 이길 수 없다. 싸우는 군대의 정신력을 강화하고 전투 방법을 가르치고 전투 의욕을 불태우는 것은 말의 힘, 즉 화력(話力)이다.

나폴레옹의 스피치 특징을 요약하면 '동기부여'와 '합리적'인 설득력이다. 1796년 사령관이 된 나폴레옹이 이탈리아 원정군을 인수받고 보니 병사들은 헐벗고 굶주려 있었다. 나폴레옹은 우선 장병들의 사기를 북돋아야 했다.

"장병 여러분. 여러분들은 헐벗고 굶주리는 처량한 처지에 놓여 있습니다. (…) 우리는 기다릴 수도 없고 후퇴할 수도 없습니다. 우리가 할 수 있는 일은 오직 용감하게 앞으로 나가 싸워서 기적을 이루는 것입니다. 적들은 현재 배불리 먹고 따뜻한 이불 속에서 쿨쿨 자고 있습니다. 이 틈을 타서 신속하게 습격하면 적들을 이길 수 있습니다. 우리는 이 위대한 승리의 수확으로 우리 목전에 있는 모든 난관을 벗어납시다!"

현실을 직시하게 하고 대처방안과 비전을 제시한 그의 스피치로 인해 장병들은 전투 의욕이 솟구쳤다.

이후 승승장구한 나폴레옹은 1799년 정권을 장악해 황제가 되었으며 내각을 구성할 때에는 인재를 폭넓게 등용했다. 그는 인재 등용의 원칙으로 능력을 우선했다. 그래서 어떤 사람이 인재라고 판단되면 나이가 젊은 사람도, 전 정부에서 일했던 사람도, 자신에게 욕했던 사람도, 심지어 자기 부인의 전 애인도 임용하였다.

"능력은 있지만 전 정권에서 일했을 뿐 아니라 음흉하고 교활해서 속셈을 모르니 잘못하면 화근이 될 수 있다"는 이유로 반대하는 심복들을 나폴레옹은 이렇게 설득했다.

"전 정부의 사람이지만 그는 재능이 있지 않은가? 우리는 이제 막 정권을 얻었다. 아직 꿋꿋이 서지 못했다. 그들의 도움 없이는 앞으로 나아가기 어렵다. 꿍꿍이속이 있다고 한들 지금으로서는 그들도 감히 어쩔 수 없다. 내 깃털이 다 자라서 힘이 생기면 그들을 제거하는 일쯤은 여반장이다. 지금은 인재가 필요한 때다."

의욕을 솟구치게 하는 동기부여와 합리적인 설득력이야말로 리더의 필수 조건이 아니던가.

16
진솔하고 직설적인 잡스의 스피치

드라마보다 극적인 잡스의 인생 역정

'세상을 변화시킨 멋진 혁명가', '이 시대 최고의 경영자', '프레젠테이션의 달인', 'IT계의 황제' 등으로 칭송 받아온 애플의 창업주이자 CEO인 스티브 잡스(Steve Jobs)가 56세의 나이로 타계했다. 한 시대를 풍미했던 그의 사망 소식에 지구촌이 추모의 물결로 넘실거렸다.

잡스는 1955년 2월 24일 샌프란시스코에서 대학원생 미혼모의 아이로 태어났다. 잡스의 생모는 재학 중일 때 임신했다. 하지만 그녀는 가족의 반대로 결혼을 못하고 미혼모로 잡스를 낳았고 입양을 보냈다.

입양 당시 잡스의 생모는 대학을 나오지 않은 양부모의 가정이 마음에 들지 않아 주저하다가 "아들을 꼭 대학에 보내겠다"는 약속을 받은 후에야 입양을 허락했다고 한다. 넉넉하지 못한 가정에서 자란 잡스는 학창시절 사고뭉치였으나 양부모는 그를 지극한 사랑으로 감쌌다.

열일곱 살이 된 잡스는 리드대학에 입학했으나 6개월 만에 중퇴하면서 궁핍한 생활을 이어갔다. 친구의 집 마룻바닥에서 자기도 했고 5센트짜리 콜라병을 주워 팔아 끼니를 때우기도 했다. 일요일이면 단 한번이라도 제대로 된 음식을 얻어먹고 싶어서 11km가 넘는 곳까지 걸어가 예배에 참석하기도 했다.

잡스는 스물한 살 때인 1976년 컴퓨터 천재 스티브 워즈니악과 양부모의 집 창고에서 '애플'을 창업했다. 이듬해 개인용PC '애플Ⅱ'를 내놓아 성공 가도를 달렸지만 서른 살 때인 1985년 자신이 영입한 CEO 존 스컬리와 이사회에 의해 창업한 회사에서 쫓겨나는 비운을 맛보았다.

그러나 그는 좌절하지 않고 컴퓨터 개발사 넥스트와 컴퓨터그래픽영화사 픽사를 설립해 보란 듯이 재기했다. 이후 경영난을 겪고 있던 애플로 복귀하여 혁신의 신화를 낳기 시작했다. 잡스는 아이맥에 이어 2001년 아이팟, 2007년 아이폰, 2010년 아이패드를 잇따라 성공시키면서 애플을 세계 최대의 IT업체로 성장시켰다.

하지만 잡스는 사업적인 성공에도 불구하고 2004년 췌장암 진단을 받았다. 다행히 수술이 잘되어 살아난 잡스는 애플의 혁신을 주도하면서도 긴 투병생활을 이어갔으나 2009년 간이식 수술까지 받는 등 또다시 찾아온 병마를 끝내 이겨내지 못했다.

한 인간의 용기 있는 도전과 열정, 그가 이뤄낸 놀랄 만한 업적은 찬사를 받아 마땅하다. 뿐만 아니라 잡스의 열정적인 삶의 자세에 사람들이 감동을 받고 그에 대해 더 많은 사람이 알게 된 것은 그의 연설 때문이라는 것도 기억해야 할 것이다. 대중들이 잡스의 사생활에 대해 알게 된 것은 2005년 6월 스탠포드대학 졸업식에서 했던 감동적인 명연설 때문이다. 스티브 잡스가 스탠포드대학 졸업식에서 한 연설을 살펴보기로 하자.

대중을 사로잡은 잡스의 스피치 비결

잡스는 미래의 주인공이 될 젊은이들에게 자신의 인생 역정 가운데 3가지를 이야기했다.

첫 번째 인생의 전환점에 관한 이야기에서는 대학을 중퇴하게 된 동기와 자신의 불행한 출생 비화를 진솔하게 털어놓음으로써 신뢰를 얻었다.

"저는 리드 칼리지에 입학한 지 6개월 만에 자퇴했습니다. 그래도 1년 6개월 정도는 도강을 하다가 정말로 그만뒀습니다. 왜 자퇴했을까요? 이야기는 제가 태어나기 전으로 거슬러 올라갑니다. 제 생모는 대학원생의 젊은 미혼모였습니다. 그래서 저를 입양 보내기로……."

두 번째 상실과 사랑에 관한 이야기에서는 최고의 자리에서 나락으로 떨어졌을 때의 심경 고백과 사랑으로 역전의 발판을 마련할 수 있었다는 통쾌한 성공담으로 공감을 이끌어 냈다.

"차고에서 2명이 시작한 애플은 열심히 일한 덕분에 창업한 지 10년 후에는 4000명의 종업원을 거느린 200억 달러짜리 기업이 되었습니다. 우리는 최고의 작품, 매킨토시를 출시했고 저는 서른 살이 되었습니다. 그런데 곧 저는 해고당했습니다. 어떻게 자기 회사에서 해고당할 수도 있느냐고요? (…) 저는 인생을 살아갈 초점을 잃어버렸고 참담한 심정이었습니다. 전 정말 말 그대로 몇 개월 동안 아무것도 할 수 없었습니다. (…) 그러나 제 마음속에는 뭔가 천천히 다시 일어나기 시작했습니다. 전 여전히 제가 했던 일을 사랑했습니다. (…) 당시에는 몰랐지만 애플에서 해고당한 것은 제 인생 최고의 사건이었습니다. 성공이라는 중압감 대신에 찾아온 초심자의 가벼움, 불확실성 등은 오히려 내 인생에서 최고의 창의력을 발휘하는 시기로 갈 수 있게 해주었습니다. 이후 5년 동안 저는 넥스트와 픽사를 세웠고, 지금 아내가 되어준 여성과 사랑에도 빠졌습니다. 픽사는 세계 최초의 3D 애니메이션 〈토이스토리〉를 시작으로 지금은 세계에서 가장 성공한 애니메이션 제작사가 되었습니다."

세 번째 죽음에 관한 이야기에서는 암 진단으로 시한부 인생을 살았던 투병기 이야기와 젊은이들에게 지침이 될 삶의 자세에 관한 경구로 끝을 맺었다.

"저는 1년 전쯤 암 진단을 받았습니다. 아침 7시 30분에 검사를 받았는데 췌장에 악성 종양이 보였습니다. 그때까지는 췌장이 뭔지도 몰랐죠. 의사들은 치료할 수 없는 종류의 암이라고 했습니다. 또 길어야 3개월에서 6개월밖에 살 수 없다고 했습니다. 주치의는 집으로 돌아가 신변정리를 하라고 했습니다. 죽음을 준비하라는 뜻이었죠. (…) 저는 수술을 받았고 감사하게도 지금은 완치되었습니다."

잡스는 다음과 같은 충고의 말로 끝냈다.

"지금, 새로운 시작을 위해 졸업하는 여러분에게 바랍니다. 계속 갈망하라. 여전히 우직하게!"

청중은 가식 없이 진솔하게 말하는 그의 직설적인 화법에 매료됐고 사물의 본질을 꿰뚫는 통찰력에 환호했다. 언행일치를 보여준 그의 말과 다르지 않은 삶의 태도에 깊은 감동을 받았다.

스티브 잡스는 세상을 떠났어도 그가 남긴 이 연설은 인생의 도전과 극복과 관련한 명연설로 사람들의 가슴속에 영원히 남게 됐다.

17 브루투스의 이성 스피치, 안토니우스의 감성 스피치

이성에 호소한 연설

로마의 영웅 율리우스 카이사르(Gaius Julius Caesar)의 위세가 하늘을 찌를 때 절대 권력이 한 사람에게 집중되는 것을 못마땅하게 생각한 공화주의자들은 카이사르를 암살할 계획을 세웠다.

운명의 날인 44년 3월 15일, 원로원 회의에 참석하러 가던 카이사르는 갑자기 나타난 카시우스를 비롯한 14명의 귀족들에게 둘러싸였다. 그들은 옷섶에 숨긴 단도를 꺼내 카이사르를 마구 찔렀다. 무방비 상태였던 카이사르가 암살자들의 칼에 찔려 죽는 순간, 그는 자신이 총애하던 브루투스도 그 속에 끼어 있는 것을 보고 이렇게 소리쳤다고 한다. "브루투스, 너마저……."

갑작스런 카이사르의 죽음 앞에서 로마 시민들은 경악, 분노, 망연자실, 대혼란 속에 빠졌다. 모두들 이성을 잃고 우왕좌왕하고 있을 때 브루투스가 시민들 앞에 나타났다. 그리고 다음과 같은 연설로 살해 이유를 논리적으로 밝히면서 청중을 납득시켰다. 그의 연설을 들어보자.

"사랑하는 로마 시민 여러분! 잠시 동안 조용히 제 말을 들어주시기 바랍니다. 제 인격을 믿고 제 명예를 생각하여 이 브루투스의 말을 의심치 마십시오.

여러분은 잘 분별하는 마음으로 냉정하게 제 말의 옳고 그름을 판단하여 주시기 바랍니다. 만약 여러분 가운데 카이사르를 사랑하는 분이 계시다면 저는 이 브루투스의 카이사르에 대한 사랑이 결코 그분들에게 뒤지지 않는다는 사실을 말씀드리려 합니다.

이렇게 말씀드리면 여러분께서는 '그렇다면 무슨 까닭으로 카이사르를 죽였느냐'고 나무랄 것입니다. 카이사르를 사랑하는 마음이 모자라서가 아니라 로마를 사랑하는 마음이 더 컸기 때문입니다. 이것이 저의 대답입니다.

여러분은 카이사르가 살아있음으로써 로마 사람들이 노예가 되는 것을 원하십니까? 아니면 카이사르가 죽음으로써 로마 사람들이 자유의 인민이 되는 것을 원하십니까? 저는 카이사르가 저를 사랑하였던 까닭에 그를 위해 눈물을 흘리는 것입니다. 그가 용감하였던 까닭에 저는 그를 존경합니다. 그러나 그가 야심을 품고 있었기 때문에 눈물을 흘리며 그를 죽였습니다. 야심에 대해서는 죽음이 있을 따름입니다.

여러분 가운데 좋아서 노예가 될 사람이 있겠습니까? 로마 사람이 아니기를 원하는 사람이 있겠습니까? 나라를 사랑하지 않는 사람이 어디 있겠습니까? 만약 있다면 있다고 말씀하십시오. (…)

오! 카이사르의 시체 옆을 마르쿠스 안토니우스가 울며 올라옵니다. 안토니우스는 카이사르를 죽이는 일에 가담하지 않았습니다마는 여러분과 함께 카이사르의 몰락으로 복리를 받는 공화국의 일원이 될 것입니다.

이 브루투스는 나라를 위해서 눈물을 머금고 가장 사랑하는 친구를 죽였습니다. 만약 로마가 이 브루투스의 죽음을 원한다면 언제든지 카이사르를 죽인 것과 똑같은 칼을 이 몸에 받기를 사양하지 않을 것입니다."

감성에 호소한 연설

브루투스의 이성적인 연설로 카이사르의 살해 동기는 로마 시민에게 납득되었다. 그의 뒤를 이어 단상에 올라간 안토니우스는 이번에는 시민들의 감성에 호소하여 판세를 뒤집는 데 성공했다. 그의 연설을 들어보자.

"로마 시민 여러분. 나는 여기서 카이사르의 위대한 공훈을 내세워 감히 그를 비호할 생각은 없습니다. 다만 그의 유해를 장사 지내고 싶을 뿐입니다. (…)

현명한 브루투스는 카이사르가 '야심을 품은 사람'이라고 말했습니다. 그렇다면 실로 통탄할 일입니다. 카이사르는 비명의 죽음을 맞이한 것입니다. 브루투스를 비롯하여 이번에 이 의거에 가담한 사람들은 모두가 나라를 걱정하는 우국지사입니다. 그러기에 나에게 죽은 카이사르를 애도하고, 아울러 나의 흉금을 토로할 기회를 허용했던 것입니다. (…)

카이사르는 수많은 포로들을 로마로 잡아왔으며 포로 석방으로 얻은 막대한 보석금을 한 푼도 사사로이 쓰지 않고 몽땅 국고에 넣었습니다. 이것이 어찌 야심이란 말입니까? 가난한 사람이 울면 카이사르도 함께 울었습니다. 이것이 과연 야심이란 말입니까?

그러나 브루투스는 '그가 야심을 품었다'고 했습니다. 브루투스는 고결한 분입니다. 여러분 모두가 보셨습니다. 루퍼칼 축제에서 내가 세 번이나 카이사르에게 왕관을 바쳤지만 그는 세 번 모두 거절했습니다. 이게 야심이란 말입니까? (…)

여기 카이사르 장군이 자필로 쓴 로마 시민에게 보내는 유서가 있습니다. 나는 이것을 그의 집에서 우연히 발견했습니다만 유서를 읽지는 않겠습니다. 만약에 여러분이 유서 내용을 안다면 반드시 희비가 엇갈려서 앞을 다투어 카이사르의 유해를 안고 칼자국에 입맞춤할 것입니다. 신성한 선혈을 손수건에 적셔서 자자손손 전하며 큰 은혜의 유품으로 삼을 것입니다. 한 오라기 머리카락까지도 서로 갖고자 할 것입니다. (…) 오 핏자국! 장군은 브루투스를 그렇게 사랑했건만 그의 무도한 행동에 세상을 저주했을 것입니다. 그리고 반석과도 같은 큰 뜻도 뿌리째 허물어지면서 죽음을 각오했겠지요. 호용 무쌍한 카이사르도 내 자식과도 같은 브루투스의 무도한 칼에 쓰러지고 만 것입니다. 여기 수많은 창상(創傷) 중에서 이것이 치명적인 것이었습니다. 이리하여 영웅은 웃옷으로 얼굴을 가린 채 피투성이가 되어 폼페이우스상 아래서 허무하게 생을 마쳤던 것입니다.

로마 시민 여러분. 어찌 이런 일이 있을 수 있습니까. 나뿐만 아니라 여러분 전체의 불행입니다. 장군의 최후는 바로 로마의 최후입니다. 여러분, 하늘의 해는 떨어지고 로마는 바야흐로 암흑입니다. 무도한 역도는 도처에서 횡행하며 활보하고 있지 않습니까. 오! 여러분 애도합시다. 마음의 눈물 그것이야말로 진정한 눈물입니다."

Chapter 3
품격 있는 스피치 이렇게 하라

01 스피치의 성패는 사전준비다

대상을 탄 비결은 치밀한 준비

동서고금을 통하여 불멸의 웅변가는 그리스의 데모스테네스라고 한다. 로마 제일의 웅변가 키케로는 데모스테네스를 결점 없는 '완벽한 웅변가'라고 찬양했고, 로마 제정시대의 교육자인 퀸틸리아누스는 그를 '웅변의 표준', '모든 웅변가 가운데 군계일학'이라고까지 상찬했다.

그렇다면 데모스테네스의 스피치 성공비결은 무엇일까? 한마디로 치밀한 사전준비였다.

2012년 5월 8일 대한불교웅변협회가 주최한 '제41회 전국웅변대회'에서 〈불발탄〉이란 연제로 열변을 토한 장규석 씨가 대상으로 국회의장상을 수상했다.

그는 지금도 종묘(種苗) 무역회사 '그린터치'를 경영하는 사장이다. 학창시절에 원예학을 공부한 그는 자신의 전공을 살려 20여 년 동안 세계 각국의 품질 좋은 종묘를 국내로 들여와 우리나라 농촌에 보급해온 그 분야의 베테랑이다.

그런 그가 직업과는 거리가 멀어 보이는 웅변대회에 출전하여 전국의 내로라하는 연사들을 물리치고 당당히 대상을 받았으니 웅변계에서는 의아해하는 사람도 있었다.

몇십 년 동안 웅변을 연마해도 받기 어려운 큰상을 신인이 받았으니 웅변계 사람들이 의아해하는 것도 무리는 아니었다. 그러나 결과에는 반드시 원인이 있는 법, 그 원인을 알면 수긍이 갈 것이다.

그는 자신의 사업을 전파하기 위해 농민을 대상으로 상담을 하거나 대학에서 경영자들을 대상으로 화훼 강의도 하고 있었다. 그런데 그가 아무리 좋은 정보를 주어도 대부분의 사람들은 부정적으로 받아들이거나 소극적으로 공감을 표시했다는 것이다. 그런 식으로 받아들인 사람들은 결과적으로 영농사업에서도 실패하기 일쑤였다고 한다. 하지만 개중에 새로운 정보를 긍정적으로 받아들이고 적극적으로 사업한 사람은 대부분이 성공했다는 것이다.

이를 계기로 그는 자신의 고객인 영농사업자들은 물론 더 많은 사람들의 성공을 위해서라도 설득력 있게 동기부여하는 명강사가 되겠다는 비전을 갖게 되었다. 강사로서의 능력을 키우기 위해 그는 스피치와 웃음치료 등의 전문 교육기관을 찾아다니며 나름대로 공부를 하였다.

그러다가 2012년 KJ스피치그룹의 강사 양성 전문 코스인 '명강사 프로모션'에 참가하게 되었고, 거기서 체계적인 내용 구성법과 효과적인 음성 표현법, 그리고 멋진 제스처 사용법 등을 배웠다. 그리고 좀 더 실력을 끌어올리기 위해 '파워스피치 최고경영자과정'에도 입학하였다.

그동안 그가 쌓은 탄탄한 기본 실력이 두각을 나타내기 시작하자 이를 눈여겨본 교수가 전국웅변대회에 출전하기를 권하였다. 그는 스스로 원고를 작성하고 한 달 이상을 그야말로 '목이 터져라' 하고 연습했다. 그 결과 영예의 대상을 받게 된 것이다.

세상에 공짜는 없다. 더구나 치열한 스피치 콘테스트에서 대상을 받는 데 공짜가 있을 법한 일인가.

메시지 전달의 5가지 노하우

스피치의 성패는 사전준비가 90%를 좌우한다. 그럼에도 불구하고 대부분의 연사들이 사전준비는 소홀히 한 채 즉석에서 멋진 스피치를 하려고 한다. 그러나 아무리 순발력이 있고 임기응변을 잘한다 해도 그것만으로는 스피치를 잘할 수 없다.

그러면 사전준비란 무엇이며 어떻게 해야 할까? 먼저 대상인 청중을 분석하고 그들에게 어떤 메시지를 어떻게 전할 것인가 하는 방법을 연구하고, 원고를 작성해 실제 상황처럼 소리 내어 연습하는 것 모두가 사전준비에 해당한다.

여기서는 청중을 사로잡을 수 있는 메시지 전달의 노하우를 알아보자.

1. 청중의 주의를 끌어라

연사는 메시지를 전달하기 전에 청중의 주의부터 모아야 한다. 그러기 위해서는 평범하지 않은 뜻밖의 행위로 청중을 자극해야 한다.

예를 들어 한 젊은이가 청중의 관심을 끌고 싶어 권총을 꺼내서 자신의 머리 위에 대고 발포했다. 그러고 나서 그는 조용히 말했다.

"내 스피치의 토픽은 자살입니다."

그가 청중의 주의를 집중시켰다는 것은 두말할 나위도 없다.

2. 생각이 아니라 느끼게 만들어라

사람들은 감정적인 경험을 즐긴다. TV나 라디오, 극장의 상연을 보라. 사람들의 감정을 자극하는 데 초점을 맞추지 않는가. 당신이 스피치에 성공하고 싶다면 청중의 사고력과 생각하려는 의지에 호소하기보다 그들의 감정을 과녁으로 삼아라.

먼저 청중의 감정을 끌어들이고 나서 이론을 전개하고 논리적 합리적인 방법으로 그것을 밀고 나가는 것이 보다 쉽고 빠른 방법이다.

3. 청중의 마음속에 그림을 그려라

연사가 스피치에서 추상적인 단어를 많이 사용하면 할수록 청중이 그 뜻을 이해하는 정도와 믿는 정도가 더 적어진다. 그러므로 효과적인 스피치를 하려면 청중의 마음속에 그림을 그리는 단어를 사용해야 한다. 예컨대 '집'이라고 하는 대신 '허물어져 못쓰게 된 버려진 집'이라고 말해보라.

청중의 마음속에 그림을 그리는 것은 청중에게 감정의 연료를 제공하고 그들의 믿음을 부추기게 된다.

4. 친근한 것으로 믿게 하라

사람들은 친근한 것에 끌리고 친근하지 않은 것은 믿지 않으려는 성향이 있다. 그러므로 연사는 청중들이 친근하게 생각할 자료들을 모아 스피치에 사용해야 한다. 청중이 믿으려고 하는 것과 믿지 않으려고 하는 태도는 스피치의 효과를 좌우할 수 있다.

5. 될 수 있는 한 개인화하라

사람들은 많은 숫자의 그룹 이야기보다 한 명의 이야기에 더 공명하는 것 같다. 연사는 이야기하고자 하는 구체적인 한 사람을 꼬집어서 말해야 효과가 크다. 즉, '인간'에 대해 말하는 대신 '한 사람'에 대해 이야기하라!

또 한 가지 기술은 당신 자신을 예로 드는 것이다. 청중들은 그들 주변에 살고 있는 사람으로부터 이야기를 직접 들으면 킥아웃을 당하고 만다.

02 인상적인 프롤로그와 에필로그

유머러스한 프롤로그가 좋다

'시작이 반'이라는 말이 있고, '끝이 좋으면 다 좋다'는 말도 있다. 무슨 일이든지 시작과 끝이 중요하다는 교훈이다. 스피치에도 시작과 끝이 중요하며 이 부분을 어떻게 하느냐에 따라 스피치의 성패가 좌우된다고 해도 과언은 아니다.

스피치의 프롤로그란 연사가 스피치를 시작할 때의 개막사이다. 유머 이야기나 익살스러운 언어, 적절한 비유로 시작하는 프롤로그는 사람들을 웃기고 또 웃음 속에서 생각하게 만든다. 실례를 들어보자.

중국의 혼란기인 1927년 어느 날, 현대 중국문학을 대표하는 루쉰(魯迅)이 군관학교에서 〈혁명시대의 문학〉이란 제목으로 강연을 하였다. 그는 서두에서 다음과 같이 말했다.

"오늘 몇 마디 하고 싶은 말의 제목은 '혁명시대의 문학'인데, 학교에서는 몇 번이나 저를 초청했지만 그동안 저는 핑계를 대고 오지 않았습니다. 왜냐하면 저는 이제 겨우 소설 몇 편을 쓰고 문학가로 불리는데, 저에게 문학에 관한 것을 들으려고 했기 때문입니다. (…)

제가 생각하기에 문학, 문학이야말로 가장 쓸모없는 것입니다. 힘이 없는 사람이 말하는 것입니다. 실력 있는 사람은 입을 열지 않고 사람을 죽입니다. 피압박 작가가 몇 마디 말을 하거나 글자를 쓰기만 해도 목이 달아나지요. 비록 다행히 살아남았다고 해도 날마다 소리치고 괴로움을 말하며 불평을 토로해야 합니다. 하지만 실력 있는 사람들은 의연하게 압박하고 학대하며 살인합니다. 그들을 대처할 방법이 없습니다. 그렇다면 문학은 인간에게 무슨 이익을 가져올 수 있겠습니까?

자연계도 마찬가지입니다. 독수리가 참새를 덮칠 때 아무소리도 안 내는 것이 독수리이고 '짹짹' 울부짖는 것은 참새입니다. 고양이가 쥐를 잡을 때 아무 기척도 안 내는 것이 고양이이며 '찍찍' 소리를 내는 것은 쥐입니다. 결국 입을 열 줄밖에 모르는 것은 입을 열지 않는 것에 먹히고 맙니다.

문학가가 글 몇 편을 잘 쓰면 혹시 이름을 떨쳐 오랫동안 허명을 날릴 수 있습니다. 예컨대 한 열사의 추도회가 끝난 후 사람들은 열사의 일은 까맣게 잊어버리고 누군가 쓴 애도의 글이 훌륭하다고 칭찬을 아끼지 않습니다. 이것이야말로 수지맞는 장사라고 하겠습니다."

이런 생동감 있는 프롤로그가 있은 뒤 루쉰은 문학과 혁명의 관계에 대하여 피력하였다.

"대혁명이 일어나기 전에는 불평을 토로하는 문학이 생기게 되고, 대혁명 직전에는 문학이 침체 상태에 있게 되며, 대혁명이 성공한 뒤에 문학이 또다시 생성되게 마련입니다……."

만약 앞의 유머적인 프롤로그가 없었다면 청중들은 문학과 혁명의 관계가 너무 추상적이어서 이해하기 어려웠을 것이다.

스피치에서 잘 짜인 프롤로그는 청중의 흥취를 자아내고 그들로부터 호감을 얻는 역할을 한다. 또한 스피치 분위기를 조성해주기도 한다.

인상적인 에필로그를 만든다

스피치에 유머러스한 프롤로그가 있으면 유머러스한 에필로그도 있다. 프롤로그와 마찬가지로 생동감 있게 흥취를 돋우는 말로 에필로그를 한다면 연사는 웃음소리와 박수갈채 속에서 연단을 내려올 수 있다.

연사의 비위에 거슬리는 일은 청중들 가운데 시계를 보는 사람이다. 그 사람의 행동은 더 이상 듣기 싫어졌다는 메시지이기 때문이다. 이럴 경우 유머러스한 이야기로 청중의 주의를 다시 끈다면 아주 멋진 에필로그가 될 것이다. 예를 들어보자.

한 연사가 스피치를 마치면서 청중에게 이렇게 말했다.

"두 사람의 연사가 서로 자신의 스피치 체험에 대해 이야기하고 있습니다. 한 사람이 말하기를 '하늘도 땅도 무섭지 않은데, 다만 시계를 보는 청중이 두렵다'고 했습니다. 그러자 다른 사람이 하는 말입니다. '청중이 시계 보는 것쯤은 대수롭지 않은데, 가장 무서운 것은 청중이 손을 들고 손목시계를 흔드는 것입니다.'"

관객들에게 웃음을 유발하여 주의를 모은 강연자는 다시 원래의 화제로 돌아와서 스피치를 계속하였다.

"오늘 여러분들의 훌륭한 경청 덕분에 저는 시계를 흔드는 사람도 못 보았고, 시계를 들여다보는 사람마저 보지 못했습니다. 이것은 제 개인의 영광입니다. 대단히 고맙습니다."

연사는 말을 마치고 꾸벅 인사를 하더니 강단을 내려섰다. 청중은 웃으면서 박수를 쳤다.

그밖에 유머 없이 청중의 감정을 충만하게 해주는 에필로그도 있다.

일본의 유명한 작가 시마자키 도손(島崎藤村)이 고향에 돌아갔을 때 그는 모교로부터 강연을 해달라는 초청을 받았다. 그는 열렬한 박수 속에 천천히 강단에 올라섰다. "총장님, 여러 선생님, 그리고 학생 여러분……." 그는 모교에 대한 감사의 마음을 절절하게 표현하고 나서 학생들을 고무하는 말을 했다.

"고향의 모든 것은 이처럼 아름다워 사람들을 그리움에 젖게 합니다. 고향을 떠난 몇 년 동안 제 몸은 늘 타향에 있지만, 마음은 언제나 고향 사람이나 일, 또는 고향의 물건과 하나로 이어져 혈맥을 같이 하는 듯한 느낌을……."

여기까지 말한 그는 갑자기 울먹이는 소리를 내더니 손수건을 꺼내 눈물을 찍었다. 그러고는 손수건으로 얼굴을 가리고 한참을 가만히 있다가 겨우 진정했다. 이어서 "정말 죄송합니다"라는 한마디로 강연을 끝냈다. 그의 진솔한 감정 토로는 중도에서 동강난 강연에 오히려 이채를 띠었다.

빼어난 연사는 스피치를 끝낼 때 결코 어떤 말이나 어떤 자세에서 끝낸다는 기미를 보여주지 않다가 갑자기 끝을 맺는다. 청중에게 아쉬운 느낌을 주기 위해서이다. 이를 교훈삼아 당신도 보다 인상적인 에필로그를 만들어 보라.

03 연사 소개는 스피치의 첫인상이다

연사 소개서를 가지고 다니는 명사

명 스피커로 소문난 L박사는 '연사 소개서'를 자신이 직접 작성하여 인쇄해 가지고 다녔다. 그는 그것을 사회자에게 건네주며 다음과 같이 당부했다.

"다른 소리하지 말고 이대로만 해주게."

그러나 간혹 아는 척하는 사회자가 있어 제멋대로 소개를 하면 그는 기분이 상해서 그날의 스피치가 잘 안 풀린다고 말한다. 어디 L박사뿐이겠는가.

대부분의 연사들은 사회자가 자신을 어떻게 소개하느냐에 신경을 곤두세운다. 사회자가 연사 소개를 어떻게 하느냐에 따라 그날의 스피치가 성공하기도 하고 실패하기도 하기 때문이다.

대중 스피치는 첫인상이 가장 중요하다. 그 첫인상이 사회자의 연사 소개인데 그렇게 중요한 첫인상을 연사 자신이 아닌 사회자라는 제3자가 아무렇게나 한다면 연사로서는 낭패가 이만저만이 아니다.

연사 소개가 강력하든 나약하든 그것은 연사의 스피치에 영향을 미친다. 신속하고 인상적이며 재미있는 연사 소개는 연사에게 성공적인 스피치를 보증한다. 느리고 어눌한 연사 소개는 연사에게 손해를 끼치며 연사는 그 손해를 복구하는 데에 많은 시간을 써야 한다. 그러므로 아무리 간단하고 짧은 스피치일지언정 연사 소개는 매우 중요한 문제이다.

훌륭한 연사 소개의 6가지 필수 요소

훌륭한 연사 소개는 연사에게 특별한 분위기를 만들어준다. 그것은 연사와 청중 사이를 더 가깝게 해주고 부드러운 분위기를 조성하며 공통의 이해관계를 구축하게 만든다.

1. 흐름을 깨지 않는다
연사 소개는 연사와 전체 프로그램을 연결시켜주는 매개 역할을 한다.

2. 연사를 위해 청중을 집중시킨다

사회자는 다음에 나올 연사와 그의 스피치 주제에 청중의 시선을 모아야 한다. 훌륭한 연사 소개는 새로운 스피치를 기대하는 청중의 주의를 집중시킬 수 있다.

3. 연사와 스피치 주제에 대한 호기심을 불러일으킨다

훌륭한 연사 소개는 청중의 호기심을 자극하여 기대감을 만들어 준다.

4. 연사의 신용을 세워준다

훌륭한 연사 소개는 연사가 왜 스피치를 할 만한 자격이 있는지에 대해 청중에게 알리는 것이다.

5. 따뜻한 환영을 해준다

연사를 편하게 느끼도록 해줘야 매끄럽게 이야기를 시작할 수 있고 청중의 저항감도 없앨 수 있다.

6. 감사를 표한다

연사에게 시간과 지식을 나누어주는 것에 대해 감사를 표함으로써 스피치가 갖는 가치를 청중이 더 많이 느끼도록 해준다.

사회자가 하지 말아야 할 6가지

1. 너무 오래 끌어서 질리게 하지 마라

연사 소개는 간단명료해야 한다. 사회자가 그 자리에 서 있는 것은 연사를 도와주기 위해서이므로 가능한 연사의 시간을 빼앗지 말아야 한다. 연사의 스피치 방향이 어떤 것인가를 예상하려고 애쓰지도 마라. 그냥 청중이 예상할 수 있도록 거기까지만 하라.

2. 횡설수설하지 마라

사회자가 그곳에 서 있는 이유는 연사가 얼마나 현명하고 재미있는 사람인지 이야기하기 위해서가 아니다. 프로그램의 순서를 진행시키기 위해 나와 있는 것이다. 사회자는 연사의 일생에 대한 자세한 설명이나 그의 전기를 빛내기 위해 나와 있는 것이 아니다. 그냥 연사가 어떤 사람인지 그리고 그가 왜 이런 스피치를 할 만한 자질이 있는지에 대해서만 청중에게 말해주면 된다.

3. 장황한 사실들을 열거하지 마라

인명사전을 통해 연사가 어떤 사람인지 찾아보거나 그가 어떻게 소개받고 싶은지, 소개할 때 강조해야 될 점은 무엇인지, 스피치가 시작되기 전에 알아내야 한다. 만약 시간이 좀 더 있다면 연사의 동료나 친구들을 만나보라. 그리고 무엇보다 연사의 이름을 정확하게 발음할 수 있도록 해야 한다.

4. 멍청하게 보이지 마라

사회자가 휘갈겨 쓴 메모를 보면서 무미건조한 목소리로 날짜나 제목을 말하는 것은 청중을 지루하게 만드는 첩경이다. 가능하면 재미있고 특이한 연사의 일화를 적어도 한 가지 정도는 미리 파악해 두면 좋다. 그리고 소개말을 할 때는 열정을 가지고 말해야 한다.

5. 부적절한 유머를 사용하지 마라

연사 소개를 하는 짧은 시간 동안 사회자의 유머는 상황이나 주제와 관련해 그것이 적절한 경우일 때만 재미있을 수가 있다. 사회자가 미리 준비한 유머에 연사를 맞추려고 하지 마라.

6. 기본 구조를 무시하지 마라

훌륭한 연사 소개는 일반적으로 같은 구조를 갖는다. 가장 많이 쓰이는 구조는 바로 'T-I-S 방법'이다. T는 사회자가 간단하게 설명할 수 있는 스피치의 주제(Topic)이다. I는 그 주제가 청중들에게 왜 중요한 의미가 있는지를 설명하는 중요성(Important)을 나타낸다. S는 사회자가 소개를 마치면서 연사가 어떤 사람인지, 그가 이 자리에 설 만한 어떤 자격을 가지고 있는지를 말하는 것이므로 연사(Speaker)를 나타낸다.

당신이 이 간단한 방법을 확실하게 따르기만 한다면 청중을 집중시킬 뿐만 아니라 효과적이고 적절한 연사 소개로 인정받게 될 것이다.

04 구성을 기억하고 말하라

일목요연한 스피치를 위한 3가지 방법

스피치 도중에 "에……, 그러니까……, 요컨대……, 저어……, 그……" 하면서 이야기하는 사람이 있다. 도대체 무엇을 말하고자 하는지 말하는 사람 자신도 알아채지 못하는 경우가 많다. 한마디로 횡설수설, 중언부언이다. 이러한 현상은 생각이 잘 정리되어 있지 않을 때 일어난다. 스피치가 두서없이 전개되지 않기 위해서는 다음의 3가지를 명심해야 한다.

첫째는 주제 파악이다. 자신이 무엇을 전달하고 싶은지 확실하게 해두어야 한다.

둘째는 논점을 좁히는 것이다. 이것저것 모두 늘어놓아서는 어느 것 하나 제대로 전달되지 않는다. 논점이 많으면 듣는 이의 머리가 혼란해지기 때문이다.

　셋째는 구성을 잘해야 한다. 이야기할 내용 구성이 서툴면 이야기가 지루해지고 두서없게 된다. 그러면 어떻게 내용 구성을 해야 할까? 잘 알려진 3단계 구성법이 있다.

　3단계 구성법이란 '서론 → 본론 → 결론' 또는 '서두 → 주제 → 끝맺음' 등 3단계로 내용 구성을 하여 진행하는 것을 말한다.

　3단계 구성법은 '이야기를 도입하고 전개시켜서 집약한다'는 형태이다. 이 방법은 말하는 이의 생각을 정리해 발전시킬 수 있고, 듣는 이에게 이해를 쉽게 해준다는 장점이 있다.

　그럼 3단계 구성법의 예를 들어보자.

　"현대는 커뮤니케이션의 시대라고 합니다. 다양한 자리에서 발언이나 발표할 기회가 점점 늘어나고 있습니다. 하지만 스피치가 나에게 있어서는 죽기만큼 싫었고 서툴렀습니다. 사람은 누구나 잘하는 것이 있고 못하는 것이 있기 마련이라 생각하고, 절반은 포기하고 있었습니다. 그러나 어느 날 심기일전하여 이 괴로운 스피치를 배워보기로 결심했습니다.(서론)

　스피치 관련 책을 읽으며 학습하고 스피치 교실에 다녔습니다. 그러는 동안 알게 된 것은 스피치는 단순히 기술만이 아니라 인간성과 얽혀 있다는 것입니다. 요컨대 이기심이나 허영심을 버리고 자신에게 솔직해질 때 비로소 몸도 마음도 편안해진다는 것이었습니다. 이제 저는 사람들 앞에서 당당하게 말할 수

있게 된 것입니다.(본론)

나폴레옹은 '내 사전에 불가능은 없다'는 명언을 남겼으나 나에게는 불가능하다고 생각했던 것이 마침내 가능하게 되었습니다. 인간에게 멋진 능력이 잠재하고 있다는 것을 실감할 수 있었습니다. '하면 된다!' 그리고 그 잠재능력을 끌어내기 위해서는 솔직한 마음이 먼저라는 것도 깨달았습니다.(결론)"

이 연사는 '스피치 학습'이라는 자기 자신의 체험을 바탕으로 솔직한 마음이 중요하다는 것을 주장하고 있다. 이야기가 서론에서 본론, 결론으로 자연스럽게 흐르고 있어서 듣는 사람은 스피커가 무엇을 말하고 싶어 하는가를 잘 알 수 있는 것이다.

이처럼 스피치의 주제를 파악하고, 논점을 좁히고, 내용 구성까지 끝냈다면 다음은 이야기를 능숙하게 이끌어 나가야 한다.

능숙하게 이야기로 접어드는 방법

능숙한 스피치는 대개 서두가 뛰어나다. 서두에서 듣는 이의 관심을 한층 끌어 모을 수 있기 때문이다. 들떠 있는 장내의 분위기를 연사는 자기 쪽으로 집중시킬 수 있다.

그럼 능숙한 스피치로 청중의 귀를 기울이게 하려면 어떻게 하는 게 좋은가 살펴보자.

1. 처음에 주제를 선언하면 알아듣기 쉽다

"저는 ○○○에 대해 말씀드리겠습니다"라고 서두를 시작하면 청중에게 앞으로 말할 내용에 대해 쉽게 호소할 수 있다.

2. 서두에 말하고 싶은 것이 몇 가지인지 밝힌다

"제가 말씀드리고 싶은 것은 3가지입니다. 하나는…….."

이렇게 말하면 듣는 이는 '3가지란 도대체 무엇일까?' 하고 주의를 기울이게 된다. 또한 말하는 이에게는 이야기가 지리멸렬하게 되거나 탈선하는 것을 막아준다.

3. 처음에 결론의 요점을 말한다

요점을 먼저 말하고 상세한 내용은 나중에 서술하는 방법이 좋다. 라디오나 TV, 신문 뉴스 등의 보도가 이것에 해당한다. '지금 무엇이 일어나고 있는가, 무엇이 일어났는가?'를 알고 싶어 하는 청자의 심리에 따른 화법이다.

4. 이야기의 중요 부분은 조급하게 말하지 않는다

"최근에 이런 일이 있었습니다", "그에 대한 재미있는 이야기가 있습니다"라고 말하면 듣는 이의 흥미를 불러일으키고 귀를 쫑긋 세우게 하는 효과가 있다. 특히 에피소드를 중심으로 한 이야기가 그렇다.

"최근에 일어난 그에 대한 재미있는 이야기가 있습니다. 지난

주말에 그와 둘이서 지하철을 탔습니다. 그가 건너편 좌석의 사람을 슬며시 가리켜서 보았더니 칠십 세 정도 된 노인의 바지 지퍼가 열려 있었습니다. 그는 노인 곁으로 태연히 다가가 귓속말로 알려주었습니다.

그러자 그 노인도 귓속말로 그에게 말했습니다. 순간 그는 얼굴이 붉어져서 돌아왔습니다. '어떻게 된 거야?' 하고 내가 묻자 '음, 당신도 열려 있소. 하지 않겠어'라고 말했습니다.

이처럼 그는 실로 좋은 점을 지닌 사람이며 정이 많은 사람입니다만, 또한 경솔한 덜렁이입니다……."

5. '아, 그렇구나' 하고 생각하게 하는 말을 한다

듣는 이에게 '아, 그렇구나' 하고 생각하게 만드는 말을 꺼낸다면 스피치의 반은 성공한 것과 마찬가지다. 스피치의 성공은 결국 듣는 이를 공감시키는 데 있다.

05 당장 사용해도 좋은 예화

재미있는 이야기를 준비하라

뛰어난 화술가라면 누구나 알고 있는 이야기지만, 사람들은 긴 설교보다는 한 토막의 재미있는 이야기를 선호한다. 당신이 청중의 마음을 사로잡는 스피치를 하고 싶다면 실존 인물의 에피소드나 상징적인 예화를 풍부하게 들어라.

"하나의 예화가 한 편의 설교보다 낫다."

명 스피커였던 로널드 레이건 대통령의 말이다.

하나의 악기에 의해 연주되는 같은 멜로디보다 오케스트라에 의해 연주되는 교향악이 훨씬 풍부한 소리를 내듯이 다채로운 예화와 비유로 가득한 스피치는 밋밋한 이야기 중심의 스피치보다 훨씬 더 강한 인상을 남긴다.

당신의 스피치를 돕기 위해 당장 사용해도 좋은 꽤 쓸 만한 예화를 소개한다.

[예화 1] 부의 재분배

미국의 철강왕 앤드류 카네기가 사회주의자들의 모임에 초대되었다. 카네기는 열렬한 사회주의자가 '자본주의의 악습과 부의 재분배의 필요성'을 주장하는 것을 참을성 있게 듣고 있었다.

그러다 끝내 참을성을 잃은 카네기는 비서를 불러 자신의 총재산이 얼마인지와 가장 최근의 인구통계 자료를 요청했다. 그는 잠깐 동안 계산을 하고 나서 자료를 비서에게 돌려주고는 이렇게 말했다.

"저 사람에게 16센트를 주게나. 그 돈이 내 재산을 재분배했을 때 저 사람이 받을 몫이니까."

(스피치 힌트: 빈곤의 해결책은 똑같은 파이를 작은 조각으로 나누어 다 같이 갖는 것이 아니다. 더 많은 부와 기회를 창조하는 것이야 말로 빈곤을 해결하는 길이다.)

[예화 2] 품위 없이 나이를 먹다

《착한 친구들》로 유명한 영국의 소설가 존 프리스틀리가 친구를 만났다. "요즘 어떻게 지내냐"는 친구의 질문에 그가 대답했다.

"늙고 뚱뚱해졌지."

"지난번에 만났을 때도 똑같이 말했었잖아."

그러자 프리스틀리는 이렇게 대답했다

"그랬었나? 그럼 이제는 늙고 뚱뚱한데다가 똑같은 말을 되풀이하고 있다네."

(스피치 힌트: 늙어가는 것이나 살이 찐다는 것은 잘못이 아니다. 우리 모두에게 일어날 수 있는 일이다. 그러나 똑같은 말을 반복하는 연사처럼 청중을 화나게 하는 경우는 없다.)

[예화 3] 편협에 강펀치

이탈리아 출생의 박애주의자인 모세 몽트포와는 최초로 영국 기사 작위를 받은 유대인이었다. 그러나 당시 영국에서는 유대인을 경멸하는 편견이 남아 있었다.

어느 날 저녁 만찬에서 모세 경은 반유대계 귀족의 옆에 앉도록 되어 있었다. 그 귀족은 사람들에게 이렇게 말했다.

"나는 얼마 전 일본에 다녀왔는데, 그곳은 정말 이상한 곳이더군요. 거기에는 돼지도 없고 유대인도 없더라고요."

그러자 모세 경이 다음과 같이 답변했다.

"그렇다면 당신과 내가 그곳에 가야겠군요. 그러면 둘 다 있게 될 테니까."

(스피치 힌트: 편견을 가지고 남을 비하하는 것은 잔인하고 멍청한 짓이다. 설사 편협한 생각이 들더라도 입 밖으로 표현은 하지 마라. 당신의 인격이 깎이지 않도록.)

[예화 4] 과장된 힘 자랑

위대한 복서 무하마드 알리가 상업용 제트기의 일등석에 타고 있었다. 이륙하기 직전 그에게 승무원이 다가와서 안전벨트를 매라고 권했다. 알리는 으스대며 말했다.

"슈퍼맨은 안전벨트가 필요 없습니다."

그러자 승무원은 다음과 같이 말했다.

"슈퍼맨은 비행기도 필요 없죠."

(스피치 힌트: 사람들은 대개 자신이 하는 일이 최고라고 생각하고 싶어 한다. 그러나 한 가지 분야에 뛰어나다고 해서 다른 모든 분야까지 뛰어날 것이라고 장담할 수는 없다.)

[예화 5] 기분 좋은 모방

위대한 재즈 뮤지션인 루이 암스트롱은 그의 허스키한 목소리와 독특한 창법 때문에 많은 코미디언과 가수들이 즐겨 흉내 내는 대상이 되었다.

암스트롱은 "사람들이 자신을 모방하는 것이 싫지 않느냐?"는 질문을 받자 어깨를 한번 으쓱거리더니 이렇게 대답했다.

"전혀 그렇지 않습니다. 많은 사람이 〈모나리자〉를 모방해서 그렸지만 여전히 진짜 그림을 보기 위해 줄을 서지 않습니까?"

(스피치 힌트: 루이 암스트롱의 말이 맞다. 만약 자신의 분야에서 최고가 되기 위해 끊임없이 노력한다면, 당신은 항상 모든 경쟁자를 물리치게 될 것이다.)

[예화 6] 시각의 차이

닐 암스트롱은 달에 발을 내딛은 최초의 인간이다. 그는 우주여행을 마치고 와서 유명한 사진작가인 유서프 카쉬 부부와 함께 식사를 하게 되었다.

그는 많은 곳을 여행한 그들 부부에게 여러 가지 이야기를 물어보았다. 그러자 카쉬 부인이 물었다.

"암스트롱 씨, 당신은 달 위를 걸어보았잖아요. 우리는 당신의 여행 이야기를 듣고 싶어요."

그러자 당황한 암스트롱이 대답했다.

"그러나 난 그곳밖에 가본 적이 없는 걸요."

(스피치 힌트: 보는 시각의 차이에서 가치가 달라진다. 인류 최초로 달나라에 갔다 온 사람도 세계 곳곳을 여행한 사람을 부러워할 수 있는 것이다.)

06 청중을 감동하게 하는 하이테크닉 7가지

시각적 연출로 설득하라

어느 대학의 학장이 학생들에게 훈화를 하기 위해 단상에 올라왔다. 인사를 한 뒤 학장은 주머니에 손을 넣고 땅콩을 꺼내어 껍질을 털면서 입 속으로 한 알 한 알 던져 넣었다. 단상 위에는 땅콩 껍질이 사방으로 떨어져 흩어졌다. 그리고 이번에는 휴지를 꺼내 코를 풀고는 두 손으로 구긴 다음 휙 던져버렸다.

"도대체 학장님은 뭘 하고 계신 거지?"

학생들은 모두 의아스런 표정으로 학장을 지켜보았다. 그러자 학장은 한술 더 떠서 담배를 꺼내 입에 물었다. 이어서 그는 불을 붙여 한 모금 빨고 하얀 연기를 토해내더니 곧 담배를 단상에 버리고 구두로 비벼 껐다. 단상 위는 순식간에 더러워졌다.

그런 후 학장은 학생들의 얼굴을 찬찬히 바라보며 입을 열었다.
"여러분, 강의실을 깨끗하게 합시다."
이 한마디를 던지고 그는 조용히 단상을 내려왔다.

이 얼마나 멋진 설득법인가? 학장의 생생한 이 웅변을 눈으로 새겨들은 학생들은 이후 강의실을 더럽히지 않았다고 한다. 인간은 누구나 보는 것에 흥미를 갖는다. 이렇듯 보고 싶어 하는 인간의 욕망을 자극하여 스피치의 효과를 높이는 것이 시각물 이용 방법이다.

시드보다 니드로 말하라

듣는 이의 흥미 따위는 생각하지 않고 자신이 말하고 싶은 것만 떠들어대는 스피치를 '시드(seed) 화법'이라고 한다. 반면에 듣는 이의 흥미와 관심에 호소하는 스피치를 '니드(need) 화법'이라고 한다.

그렇다면 청중은 어느 쪽 이야기를 듣고 싶어 할까? 물론 니드 화법이다.

연사는 청중이 원하는 것을 말해야 한다. 청중이 듣기 원하지 않는 스피치는 무의미한 공염불일 뿐만 아니라 청중을 무시하거나 학대하는 행위에 지나지 않는다.

그렇다고 해서 언제나 청중이 듣고 싶어 하는 내용만을 이야기할 수도 없는 것이 스피치다. 듣고 싶지 않은 이야기라도 들려주지 않으면 안 될 경우가 있다. 이럴 경우 시드 화법을 니드 화법으로 전환하는 기술이 필요하다.

질문형을 많이 활용하라

말하는 이와 듣는 이를 일체화하기 위한 스피치 방법으로 질문형을 사용하면 효과적이다. 스피치는 연사만이 일방적으로 말하는 것 같지만 실은 그렇지 않다.

청중은 소리를 내지 않을 뿐 마음속으로 '과연 그래', '아니, 그것은 달라', '좋아! 나도 하자'라고 다양하게 반응한다. 빼어난 연사는 이러한 반응을 불러일으키는 방법에 능숙할 뿐만 아니라 스피치 도중에 청중과 대화를 나눈다. 그들은 태연히 듣는 이에게 질문을 해나간다.

"보너스를 많이 받고 싶지 않습니까?"

"순이익을 늘리는 3대 원칙을 아십니까?"

이런 식으로 항상 '까?'라는 단어를 사용하면 청중은 질문을 받기 때문에 생각하게 된다. 청중이 생각한다는 것은 문제를 공통화하고 청중을 '연사의 스피치 게임'에 참가시킨다는 의미이다.

'당신', '우리'라고 말하라

연사는 청중의 욕망을 자극해야만 스피치에 성공할 수 있다. 청중의 욕망을 사로잡지 못한다면 연사의 말이 아무리 의미 있어도 소용이 없다. 그러므로 연사는 '나는', '나의'라는 말로 자기 주장만을 내세우기보다 '당신은', '우리는'이라는 말로써 청중에게 숨겨져 있는 욕망의 모터를 작동시켜야 한다.

욕망을 자극하는 첫마디는 '당신'으로 출발하며 그 욕망의 일체감은 '우리는'으로 타오른다는 사실을 명심하라.

첫머리에서 승리하라

스피치가 능숙한지 서툰지는 스피치의 첫머리와 끝맺음을 들어보면 알 수 있다. 뛰어난 연사나 세일즈맨은 진부한 방법으로 스피치를 시작하지 않는다. 그들은 갑자기 상대의 귀를 자기 쪽으로 향하게 만든다. 왜냐하면 처음의 10초는 다음 10분간의 이야기보다 중요하기 때문이다.

그러므로 스피치를 장황한 서두로 시작해서는 안 된다. 청중의 의표를 찌르는 첫마디를 터뜨려서 처음부터 주의를 기울이게 만들고 들을 자세를 취하도록 만들어야 한다. 만약 당신이 이것을 해냈다면 스피치는 성공적이라고 보아도 좋을 것이다.

당신이 하고 싶은 훌륭한 스피치는 청중과의 교감이며 교감이 시작되는 첫머리부터 승리해야 한다는 사실을 명심하라.

억양에 변화를 줘라

물은 어떻게 흘러가는가? 물은 어떤 때는 졸졸 흐르는 작은 시내가 되고, 어떤 때는 바위조차도 부술 기세의 격류가 된다. 또 어떤 때는 큰소리를 내며 떨어지는 폭포가 되는가 하면, 어떤 때는 평야를 유유히 흐르는 큰 강이 되기도 한다.

스피치도 마찬가지다. 전반적으로 스피치 음성은 강력함이 있고 활기와 약동이 넘치는 것이 우선이지만 거기에는 억양의 효과가 대단히 중요하다. 감정이 격해 있을 때에는 노도같이 강하고 격렬하게, 슬플 때에는 약하고 작게, 기쁠 때에는 밝고 큰 목소리로 얘기하지 않으면 스피치 효과를 살릴 수 없다.

자연스럽고 유효적절한 억양 표현이 청중의 마음을 사로잡는다. 부디 이 점을 잊지 마라.

말의 간격을 살려라

'화술은 간술(間術)이다'라는 말이 있다. 스피치에서 말의 간격은 매우 중요하다. 듣는 이에게 생각할 만큼의 간격, 다음 말을 기다릴 때에는 기다릴 만큼의 간격을 두어야 한다.

"당신이라면 이럴 때 어떻게 하시겠습니까? (…)."

스피치에서 사이를 두기 때문에 듣는 이는 '나라면 어떻게 할까?'

하고 생각하게 된다. 그래서 스피치 사이를 두는 것을 '생각하게 하는 간격'이라고 한다. '간격을 취하라'는 말이 스피치 전체를 느긋하게 하라는 말은 아니다. 빨리 해야 할 곳은 속도감 있게 말해야 한다. 이것도 하나의 간격이다.

간격이 없는 이야기는 '멍청하게' 느껴진다. 간격을 취하는 방법이 달라지면 뜻이 잘못 전달되거나 듣는 이를 '당황하게' 만드는 결과를 낳을 수 있다.

동서고금의 명 스피커는 모두 '스피치 간격 살리기'의 명수였다는 사실을 기억하라.

07 목소리는 명 스피커의 전제조건

3개월 음성훈련이 평생을 간다

1961년 5월 어느 날, 동국대학교 대강당에서는 '장학생 선발 전국 웅변대회'가 열렸다. 전국에서 내로라하는 연사들이 출전했다. 1등을 하면 4년 동안 웅변 장학생으로 대학을 다닐 수 있었기 때문에 어느 대회보다도 경쟁이 치열했다.

당시 고등학생이던 K군도 대회에 출전했다. 원고를 제출하고 원고 심사에 합격한 후, 예선대회를 거쳐 본선대회에 나가기까지 두 달 동안 맹연습을 거듭한 그는 장학생의 꿈을 안고 연단에 나가 혼신을 다해 열변했다.

"원대한 포부와 심원한 이상을 가지신 청년학도 여러분! 5천 년 조국의 역사를 돌이켜보건대……"로 시작하여 "청년이여! 학도여! 맑은 가슴 뜨거운 정열로 민족의 슬픈 한을 품어라. 얼굴이 예뻐서 여자가 되었고 체격이 건장해서 남자더란 말이냐? 조국은 부른다. 조국을 지키자!"라고 웅변의 끝을 맺었다.

출전 연사들의 웅변이 다 끝나자 심사위원장인 탁월한 웅변가 이종린 박사가 강평과 함께 심사 결과를 발표했다. 그런데 1등은커녕 장려상에도 K군의 이름은 없었다.

맥이 빠져 있던 그에게 위로를 한답시고 친구들이 말했다.

"야, 너 참 잘했는데 이상하다. 심사에 부정이 있었나봐."

옛날이나 지금이나 실력 없는 자들이 부정을 운운한다.

그런데 한 친구가 뜻밖의 말을 하는 것이었다.

"내가 강당의 중간쯤에 앉아 있었는데 네 목소리가 작아서 잘 안 들리더라."

순간 그는 깨달았다. 내용이 아무리 좋고 표현을 잘해도 목소리가 작아서 청중에게 들리지를 않았다면 웅변은 실패할 수밖에 없다.

자기의 단점을 알게 된 그는 다음 날부터 매일 새벽 인왕산에 올라가 한 시간쯤 큰소리로 발성연습을 했다. 그렇게 한 달 정도를 연습하니 목소리는 커지고 굵어졌는데 거칠었다. 두 달을 더 연습하고 나니 강하면서도 구르는 목소리가 나기 시작했다. 석 달이 지나자 주위 사람들이 그에게 '골든 보이스'라며 찬사를 보냈다. 목소리에 자신감을 얻은 그는 더욱 열심히 목소리 훈련에 열중했다.

그런 연습 후 1962년 고등학교 3학년 때 그는 서울특별시에서 주최하는 전국웅변대회에 나가 마침내 1등을 하여 서울특별시장상을 받았다. 그리고 대학을 다니다가 군에 입대한 그는 1966년 국방부 주최 전군대항웅변대회에서 국방부장관상을 받았다.

가창력이 가수의 실력을 좌우하듯이 3개월 동안 집중적인 발성연습으로 스피치 파워를 업그레이드시킨 K군은 그 후 웅변은 물론이고 매사에 자신감을 갖게 되었다. 그랬던 K군이 스피치 교육자가 되어 40여 년 동안 명강사로 이름을 떨치게 되었으니, 발성 연습의 중요성은 아무리 강조해도 지나치지 않을 것이다. 목소리가 작아서 한때 실의에 빠졌던 K군이 필자라면 당신도 해볼 만하지 않은가.

목소리를 잘 사용하기 위한 7가지 필수 요소

스피치의 음성 연습은 목소리를 크게 만들고 아름답게 만드는 것에 국한하지 않는다. 청중이 호감을 갖고 연사의 말을 귀담아 듣는 데에는 몇 가지 요소가 따른다.

그럼 효과적인 스피치를 위한 목소리 사용의 7가지 필수 요소에 대해 알아보기로 하자.

1. 먼저 자기 말의 속도를 측정하라

자신의 귀로 직접 들음으로써 속도가 너무 빠른지 느린지 아니면 적절한지를 스스로에게 물어보라. 그리고 나서 스톱워치로 시간을 재고, 1분당 평균 몇 마디의 말을 하는지 알아보라. 효과적인 대중 스피치를 하기 위해서는 1분당 150단어 정도가 적당하다.

2. 내용이나 상황에 따라서 속도를 조절하라

당신은 적절한 요점에서 강조나 분위기를 위해 속도를 빠르게 가속하거나 감속하고 있는가? 특히 강조할 대목이거나 많은 청중을 대상으로 말할 때에는 목소리를 크게 하되 속도는 느리게 해야 한다.

3. 강조점을 정확하게 강조하라

당신은 스피치 문장에서 정확한 강조를 하고 있는가? 문장이나 구절마다 적절한 의미를 담고 있는 적당한 단어에 강조를 하고 있는가? 그것은 듣는 이에게 큰 차이를 만든다. 예를 들어 '그것은 최상의 시간이자 최악의 시간이었다'라고 읽는 것보다 '그것은 최상의 시간이자 최악의 시간이었다'라고 중요한 부분을 강조해서 읽는 것이 올바른 방법이다.

4. 뒷자리까지 잘 들리도록 음량을 조절하라

당신은 말을 크게 하는가? 모든 사람에게 다 들릴 정도의 크기로 말하는가? 만약 '아니오'라면 숨을 깊게 쉬고 입을 크게 벌리면서 목이 아니라 배에서 나오는 소리를 내도록 해야 한다. 소리를 지르라는 뜻은 아니다.

5. 말의 리듬을 살려라

당신은 리듬을 타고 있는가? 그것을 말의 흐름에 변화를 주는 데 사용하고 있는가? 그렇게 하면 소리가 똑같이 들리지 않고 같은 말로도 들리지 않는가. 목소리는 평평한 직선이 아닌 우아한 곡선을 그리고 있어야 한다.

6. 단어의 발음을 명확하게 하라

모든 것이 완벽하게 명확할 수는 없지만 당신은 혹시 불필요하게 잘못 발음하거나 철자를 빠뜨리고 발음하지는 않는가? 자신의 스피치를 녹음해서 들어보면 스스로 문제점을 발견할 수 있다. 문제를 알게 되면 연습을 통해 쉽게 교정할 수 있다. 일단 문제를 인식하면 90%는 해결되는 셈이다.

7. 습관적으로 나오는 불필요한 말을 제거하라

'없어도 일곱 가지 버릇'이란 말이 있듯이 대부분의 사람들은 나름대로 말버릇을 가지고 있다. 이를테면 '그리고 말이야'를 연발하는 사람, '그런데'를 '근데'로 발음하는 사람 등 자신이 말하려는 내용과 관계 없는 말을 습관적으로 사용하는 사람들이 있다. 불필요한 말은 하지 말아야 한다.

08 자세와 몸짓도 언어이다

몸은 입보다 더 많은 말을 한다

캘리포니아대학의 앨버트 메라비안 교수는 커뮤니케이션을 할 때 말(words) 표현이 차지하는 비율은 7%, 음성(voice) 표현이 차지하는 비율은 38%, 신체(body) 표현이 차지하는 비율은 55%라고 주장했다. 이 연구는 연사의 시각적 측면에 관한 다소 놀라운 결과이다.

사람은 입으로만 의사 표현을 하는 것이 아니라 온몸으로 한다. 듣는 사람은 귀로 연사의 입에서 나오는 말을 들으면서 눈으로는 연사의 일거일동이 나타내는 메시지를 지켜보고 그것이 '진실인가 거짓인가, 성의가 있는가 없는가, 세련되었는가 촌스러운가?' 등을 파악한다.

그럼에도 불구하고 많은 연사들이 몸말(body language)을 소홀히 하는 경향이 있다. 연사의 세련되지 못한 엉거주춤한 자세나 이상하고 요란한 제스처, 게다가 눈에 거슬리는 나쁜 버릇 등은 대중 스피치의 효과를 감소시킨다.

그리스 시대의 웅변가인 데모스테네스는 젊은 시절에 어깨춤을 추는 버릇이 있었다. 그는 이 버릇 때문에 청중의 웃음거리가 된 적이 한두 번이 아니었으며 그 나쁜 버릇을 바로잡느라 많은 고생을 했다. 그는 비좁은 연단에 서서 자신의 어깨 위에 예리한 칼을 매달아 놓고 말하는 연습을 했다. 그렇게 연습하다보면 자신도 모르게 어깨를 움찔했다가 칼에 찔리기도 했는데 그러기를 여러 번 하고 나서야 버릇을 고쳤다고 한다.

이것을 당신의 예행연습의 기술로 권하고 싶지는 않다. 그러나 이것은 스피치 자세의 중요성을 보여주고 있다.

지금까지 세계적으로 잘 알려진 유명한 연사들에게는 공통점이 있다. 그들은 모두 빼어난 내용과 호소력 있는 음성 표현, 늠름한 자세와 독특하고 멋진 제스처를 트레이드마크처럼 사용하고 있다는 점이다.

이제 스피치에 신뢰감을 주는 바람직한 태도와 생동감을 더해주는 제스처를 어떻게 해야 할 것인지 알아보자.

실물보다 더 크게 등장해야 한다

대중 연설가는 '실물보다 더 크게' 등장해야 한다. 이것은 행동거지와 무대에서의 침착성, 공간 획득, 그리고 내부의 정신을 가지고 행해야 하는 일이다.

청중은 연사의 모습을 보는 순간부터 평가하려고 한다. 연사가 믿을 만한가, 스피치 내용은 들을 가치가 있는가를 결정하는 것이다. 연사의 생김새나 옷을 입은 모양새도 청중에게 영향을 미친다. 그러나 청중이 연사에게서 받는 가장 중요한 메시지는 연사의 스피치 태도와 무대에서의 침착성이다.

다음은 스피치 자세에서 연사가 마음에 새겨야 할 것들이다.

① 좌중의 시선을 끄는 흥미로운 표정으로 일어서는 것이 좋은 첫인상을 만든다.
② 자리에서 일어났으면 연단을 향해 활기차게 걸어간다.
③ 스피치를 하는 동안 손은 양 옆에, 발은 발바닥의 앞부분에 고르게 힘이 가도록 하며, 어깨는 청중을 향해 편다. 연사의 몸이 흔들리고 있다는 인상을 주지 말아야 한다.
④ 연단은 연사의 메모를 두는 곳이지 몸을 기대는 휴식처로 사용되는 것이 아님을 명심하라. 손으로 연단을 부여잡거나 기대는 것은 금기이다.
⑤ 마이크를 사용할 때는 연사의 키와 알맞게 먼저 조절하고 말을 해야 한다. 마이크의 위치가 연사의 얼굴을 덮는다거나 쭉 편 상태를 유지하면 안 된다.
⑥ 무의식적인 습관들, 즉 머리를 쓸어 올린다거나 코를 만지는 것, 긁는 것, 머리카락이나 옷을 잡아당기는 것, 펜이나 연필로 장난하는 것 같은 습관에 주의하라.
⑦ 스피치를 마치면 여유 있게 연사의 자리를 떠나라. 어깨를

으쓱하는 것은 연사 자신에 대해 혐오를 나타내는 것으로 보일 수 있고, 효과적인 스피치를 망쳐버릴 수도 있다.

손을 어떻게 사용해야 좋을까? 로마 시대의 위대한 웅변가 키케로는 제스처의 중요성을 다음과 같이 말했다.

"많은 웅변가들이 효과적인 제스처 덕분에 웅변가라는 칭호를 얻었고, 스피치의 명사들 중 여러 사람이 서투른 제스처로 말미암아 눌변가로 간주되어 왔다."

그럼 스피치에 지대한 영향을 끼치는 제스처를 사용할 때의 주의 사항에 대해 알아보자.

① 제스처를 할 때는 우선 자연스러워야 한다. 한 손이나 팔의 한 부분으로만 할 게 아니라 몸 전체를 포함시켜야 한다.
② 제스처는 자기 몸을 벗어나 광범위하고 크게 보여야 한다. 팔의 윗부분을 가지고 하는 제스처는 몸이 거북하게 보이고, 심지어 괴상하게 보이기조차 하므로 배제해야 한다.
③ 군중 앞에서는 보다 큰 제스처가 효과적이다. 이 같은 상황에서 당신의 제스처를 확대하는 것은 청중에게 보다 더 당신의 스피치를 쉽게 이해할 수 있도록 해준다.
④ 제스처에 변화를 주어라. 똑같은 제스처를 몇 번이고 반복

하는 것은 단조롭고 지겹게 느껴진다.
⑤ 제스처는 손의 사용을 넘어서야 한다. 연사는 말을 할 때 몸 전체를 사용하여 보여주고 나타냄으로써 좋은 결과를 거둘 수 있다.
⑥ 매우 크고 과장된 제스처 만들기를 연습하라. 그래야만 자연스러운 제스처가 나온다.
⑦ 당신의 동작을 볼 수 있는 거울이나 비디오카메라 앞에서 연습하라.

적절한 제스처는 청중의 주의를 계속 환기시키고 연사의 스피치 내용을 강화시켜 주고 스피치를 보다 흥미롭고 극적인 방식으로 만들어준다. 그러나 제스처를 당신의 메시지 위에 두어서는 안 된다. 제스처는 어디까지나 스피치의 보조수단이란 점을 명심하라.

09
설명력은 키우면 경쟁력이 된다

설명으로 자기를 표현한다

어떤 사람이 건전지를 사려고 슈퍼마켓에 가서 보니 색깔만 다른 같은 물건이 하나는 1000원이고 다른 하나는 800원이었다. 그래서 손님이 직원에게 그 차이를 물어보았다.

"우선 가격이 다릅니다."

"그렇군요. 같은 물건인데 어째서 가격에 차이가 있죠?"

"비싼 것이 더 좋은 물건입니다."

"비싼 게 좋은 것은 당연하겠지요. 그러나 제가 묻고 있는 건 그게 아니고……" 하다가 그냥 나와 버렸다는 이야기다.

손님이 원하는 것은 가격의 차이가 아니라 건전지의 성능과 가치에 관한 것이었다.

"1000원짜리 건전지는 2천 시간을 사용할 수 있고 800원짜리 건전지로는 1천 시간을 사용할 수 있는데 200원 정도 비싼 건전지로 두 배 더 오래 쓸 수 있으므로 비싼 것이 경제적이라고 생각합니다."

만약 직원이 이렇게 설명했다면 그 손님은 충분히 이해하고 만족스럽게 1000원짜리를 샀을 것이다.

설명이란 어떤 일이나 대상의 내용을 상대가 잘 알 수 있도록 쉽고 분명하게 알려주는 것이다. 상대가 모르는 것, 알고 있다고 해도 불충분한 점에 대해 충분히 알리는 것을 목적으로 하는 언어의 활동이다. 따라서 보고할 때나 정보를 전할 때에 설명 능력이 부족한 사람이라면 직장생활을 원활하게 할 수 없다.

'이렇게 말하면 알겠지' 하고, 자기 생각을 제멋대로 말하는 사람이 있다. 또 '말해봤자 소용없다'고 체념해버린 상태에서 아예 설명하기를 포기하는 사람도 있다. 단순히 말을 했다고 해서 그 뜻이 통했다고 할 수는 없다. 또 '알았다'고 상대가 말을 했더라도 그것은 '당신이 의도한 대로 전해졌다'는 것이 아니라 '상대 나름대로 받아들였다'는 경우가 많다. 그러므로 자신이 의도한 대로 상대에게 내용을 전하려면 '알아듣게 말하는 능력' 즉 설명력을 높여야 한다.

비즈니스란 설명과 설득의 연속이다. 일의 진행에 필요한 모든 사건의 내용은 물론 자신의 생각이나 의견 등을 제대로 충분히 설명하지 않으면 상대를 납득시킬 수 없다. 상대를 잘 설득해서 협력을 얻어내는 것이 일을 수행해나가는 기초 과정이다.

"정말 그런 관계가 있다는 것은 몰랐는데 자세히 설명해주셔서 감사합니다."

"그 사람에게 물어보면 무엇이든 잘 알아듣도록 설명해주기 때문에 호감이 생겨!"

이렇게 되면 본인의 능력을 인정받는 것은 물론이거니와 주위 사람의 협력을 얻어낼 수 있어 자신이 생각한 대로 모든 일을 잘 처리해 나갈 수가 있다. 그러나 설명 능력이 부족하면 자기 본래의 의견이나 생각을 충분히 발휘할 수가 없다.

"좀 더 알기 쉽게 설명해줄 수는 없는가?"

"도대체 요점이 뭔가? 어물어물하지 말고 간단명료하게 말해보게나."

"그 점에 대해서 좀 더 확실하고 명료하게 해두었던들 이런 실패는 없었을 텐데……."

설명을 제대로 못하면 이렇게 후회하기도 하고 같은 말을 두세 번씩 되풀이하게 되어 상대에게 불쾌감을 주기도 한다. 설명을 못하는 것은 자신에게 손해지만 상대에게도 커다란 폐를 끼치게 된다.

설명력을 높이는 네 가지 포인트

1. 설명하려는 내용을 충분히 알아야 한다

설명을 잘하기 위해서는 설명하려는 내용을 충분히 소화해서 자신의 것으로 만들어야 한다. 자신이 이미 알고 있다고 생각했던 것,

또는 상대도 '상식이니까 알고 있겠지' 해서 무심코 흘려버렸던 것들이 막상 눈앞의 일로 닥치면 대처할 줄을 몰라서 당황하게 되는 경우가 적지 않다.

설명의 힘을 키우려면 평소에 모든 사물과 내용에 관심을 가지고 풍부한 지식을 얻고자 하는 마음자세부터 가져야 한다.

2. 방향을 제시해가며 설명한다

먼저 상대에게 이야기하려는 내용에 대해 예비지식을 줘야 한다. 상대에게 아무런 방향 제시도 하지 않고 막연하게 말한다면 오해를 사기 쉽기 때문이다.

"이런 문제에 관해서 이야기하려고 하는데……."

이와 같은 식으로 내용의 윤곽을 먼저 제시하는 것이 중요하다. 설명에 앞서 방향을 제시해주면 그만큼 듣는 이의 입장에서도 수월하고 내용의 핵심을 정확하게 받아들일 수 있다.

2. 순서 있고 조리 있게 설명한다

계통적으로 순서 있는 설명을 할 때 상대가 이해하기 쉽다. 한 절 한 절 끊어서 명료하게 설명하는 방식이 상대의 의식을 혼란시키지 않고 내용을 전달하는 데에 용이하다.

설명이란 상대의 지식을 넓혀주는 것이므로 "우선 이 일을 하는 목적은(…), 다음으로 이 일이 미치는 영향이나 효과는(…), 이유는 (…)" 이와 같은 식으로 내용을 분류하고 순서를 정해서 계통적으로 설명하는 것이 좋다.

3. 적절한 용어를 선택한다

자신은 적합한 언어를 썼다고 해도 그 뜻이 상대에게 잘 전해지지 않는 경우도 있다. 그러므로 설명할 때는 자신이 사용하고 있는 말의 의미가 상대에게도 같은 의미로 전달되게 하는 것이 중요하다.

동음이의어, 전문 용어, 생략어, 애매한 언어 등에 신경을 써야 한다. 상대가 오해할 언어나 들어도 무슨 의미인지 알 수 없는 언어를 사용하여 혼란을 일으켜서는 안 된다.

4. 설명 효과를 높이기 위해 질문한다

복잡한 설명일수록 의도한 대로 전달하기가 쉽지 않다. 따라서 설명하는 도중에 내용을 얼마만큼 전달했는지 또 상대가 얼마나 이해하고 있는지 확인해보는 방법은 중간에 질문을 해가며 설명하는 방식이다.

"이것으로 마치려 합니다. 불충분한 점이 있으면 말씀해주십시오."

이런 식으로 요청한다면 상대는 미비한 점이라든가 잘 모르는 것에 대해 질문해올 것이다.

10 유능한 리더는 토론의 명수다

선거 당락을 좌우한 역사적 사건

1960년 9월 16일 저녁 8시 30분, 지상 최초로 대통령 후보자간 TV 토론회가 열렸다. 토론회는 3개의 TV채널과 라디오를 통해 미국 전역에 생중계되었고, 사진으로만 접할 수 있었던 후보자들의 생생한 모습을 보기 위해 1억 명 이상의 미국인들이 TV 앞으로 모여들었다.

토론의 주인공은 민주당 대통령 후보로 나선 존 F. 케네디와 공화당 후보인 리처드 닉슨이었다. 닉슨은 아이젠하워 행정부 시절부터 부통령을 역임하며 다양한 정치활동을 펼쳐왔던 터라 국민들 사이에는 베테랑 정치인으로 알려져 있었다. 그에 비해 정치 경험이 부족했던 케네디는 무명에 가까운 신인이었다. 당시 여론은 닉슨의 압승을 낙관했다.

하지만 막상 TV화면을 통해 두 후보가 모습을 드러내자 사람들의 시선은 젊고 훤칠해 보이는 케네디에게 집중되었다. 짙은 감청색 양복에 구릿빛 건강한 얼굴로 TV 앞에 나타난 케네디는 미소와 제스처를 적절히 사용해가며 자신에 찬 목소리와 외모로 온 국민의 호감을 한 몸에 받았다.

이에 반해 닉슨은 회색 양복 탓인지 TV의 흑백 배경에 묻혔고 시종일관 옆얼굴만 보였으며, 40대 후반의 나이인데 자글자글한 주름으로 인해 모습은 늙고 초췌하게 비춰졌다. 게다가 유세로 지친 목소리는 박력이 없었으며 초조하고 불안한 표정으로 '나 역시'만을 연발하고 있었다.

다음날 대세는 케네디 쪽으로 점점 기울었다. 케네디는 결국 11만 8천 500표라는 간발의 표차로 미국 역사상 최연소이자 최초의 로마가톨릭 교도로서 미국 대통령에 당선되었다.

이와 비슷한 사건이 우리나라에도 있었다. 2011년 4월 1일 밤 11시 15분, 강원도지사 후보 간에 TV정책토론회가 열렸다.

두 후보가 같은 춘천고등학교 선후배인 데다 같은 문화방송 사장 출신이라는 점에서 유권자들은 물론 많은 사람들이 관심을 갖고 방송 토론을 지켜보았다.

토론의 주인공은 한나라당 후보 엄기영과 민주당 후보 최문순이었다. 엄기영은 1951년 춘천에서 태어나 춘천고등학교를 졸업(1969)하고 대학 졸업 후인 1974년 MBC에 입사하여 사회부 기자로 출발했다. 그는 프랑스특파원을 거쳐 〈뉴스데스크〉의 앵커를 맡으며 '국민앵커'

로 불렸고 기자 출신으로 방송사 사장에 올라 화제가 된 인물이었다.

한편 최문순은 1956년 춘천에서 태어나 춘천고등학교를 졸업(1974)하고 대학 졸업 후인 1984년에 문화방송 사회부 기자로 출발했다. 그리고 문화방송노조위원장을 거쳐 문화방송 사장까지 역임하고 국회의원이 된 인물이었다.

여론은 앵커로 대중적 이미지가 좋았던 엄기영이 유리할 거라고 전망했지만 결과는 정반대로 나타났다.

TV 앞에 선 최문순 후보는 엄기영 후보를 깍듯이 선배로 대접했고 담백한 화법으로 여유 있는 모습을 선보였다. 그의 시선 처리나 몸가짐도 자연스러웠다. 그리고 상대의 준비된 정책에 대해서도 긍정적 의견을 제시하였다.

반면에 엄기영 후보는 민주당 소속이었던 이광재 전 지사의 기소 시점을 놓고 최 후보를 공격해왔다. 이에 최 후보는 엄 후보에게 사실 확인과 공개사과를 요구했다. 그러자 엄 후보는 당황한 나머지 일그러진 표정으로 중언부언하며 답변을 회피하는 태도를 보였는데, 보는 사람 입장에서는 그가 처량할 정도였다.

엄 후보는 평소에 남이 써준 메시지의 전달력은 좋았으나 즉흥적으로 자신의 생각을 전달하는 토론에서는 초보 수준에도 미치지 못할 정도로 딱한 모습을 보였다. 선거 결과는 최문순 후보의 승리로 끝났다.

토론 학습으로 얻는 5가지 효과

토론은 꼭 필요한 이 시대의 화두가 되었다. 그럼에도 불구하고 우리 현실은 여전히 토론 학습이 미약하다. 토론 학습으로 얻을 수 있는 다섯 가지의 효과를 알아본다.

1. 객관적인 분석력이 몸에 익는다

사물에는 항상 표리(表裏), 즉 양면이 있다. 한쪽을 본 것만으로는 본질을 파악할 수 없다. 한 문제의 양 측면을 보아야 비로소 자기 주장의 결함도 보이고 상대의 주장도 이해할 수 있다. 의논은 거기서부터 시작되는 것이다. 토론에서는 긍정과 부정, 양측에 서는 것을 요구받는다. 객관적 관찰, 분석력을 기르는 데에 토론만큼 적당한 훈련은 없다.

2. 논리적 사고력이 몸에 붙는다

토론에서 이기려면 자기 주장의 정당성을 주장하는 것뿐만 아니라 상대의 반론에 반박하는 논리력의 무장이 필요하다. 그러기 위해서는 냉정하게 분석하는 능력이 요구된다. 상대의 주장에 모순은 없는지 허위나 핑계, 논리의 비약은 없는지 등을 분석하는 능력이다. 토론은 의논 훈련을 통해서 이것들을 발견하는 능력을 연마하는 것이다. 논리는 만능이 아니다. 그러나 감정에 호소해서 승낙을 얻는 것도 만능이 아니다. '정(情)'에 '이(理)'가 더해짐으로써 설득력도 증가하는 것이다.

3. 발표 능력이 몸에 익는다

토론이란 긍정 측, 부정 측, 청중, 이 삼자 간의 커뮤니케이션이다. 긍정 측과 부정 측 가운데 어느 쪽이 청중을 보다 잘 설득할 수 있느냐에 승패가 좌우된다. 훌륭한 논리는 간단명료한 구성, 교묘한 설득력이 일체가 될 때 한층 빛난다. 일방적인 스피치나 프레젠테이션 상황에서는 긴장감이 떨어지게 마련이다. 토론의 입론(立論)은 반론에도 견뎌낼 수 있는 프레젠테이션이라고 할 수 있다.

4. 보다 좋은 경청자가 될 수 있다

토론을 하면 경청의 능력을 높일 수 있다. 토론은 사물의 양면을 보는 습관을 몸에 익히게 하기 때문이다. 요컨대 타인과 자신의 견해에 대해 관용의 마음을 키울 수 있다. '적극적 경청'은 타인에 대한 관용에서 생긴다. 토론은 상대를 논박하고 승리를 혼자 독점하기 위한 논쟁이 아니다. 보다 고차원의 토론 목표는 '총합된 조화'이다.

5. 정보 수집력이 몸에 익는다

토론에 필수적인 것은 정보다. 재판에 증거와 증인이 반드시 필요한 것처럼 토론에서도 자기 주장을 지탱해줄 증거 자료가 반드시 필요하다. 신문, 잡지, 서적, 인터넷 검색 정보 등 토론은 우리 주변에 넘쳐 있는 정보 가운데서 꼭 필요한 것만을 취사선택하는 능력을 키우는 데에 적당한 훈련이다. 토론은 '긍정할 것인가 부정할 것인가?'에 대한 문제의식과 그에 기초한 체계적 연구가 요구되기 때문이다.

11
마음속에 시계를 두어라

아둔한 스피치와 명쾌한 스피치

사교 모임에서의 스피치는 되도록 짧은 시간 내에 끝내야 한다. '3분 스피치'라는 말이 있듯이 길어도 5분 이내에 끝내야 효과가 좋다. 그런데도 스피치에서 서두를 길게 늘어놓는 사람들이 있다.

한 모임에서 사회자의 지명을 받아 일어선 사람이 스피치를 길게 한 경우를 살펴보자.

"그러지 않아도 지명을 받게 되지 않을까 조마조마했는데 준비를 한 것은 아니기 때문에 무슨 이야기를 해야 좋을지 그저 막막하기만 합니다.

더욱이 이 자리에는 말씀을 잘하시기로 유명한 김 박사님께서 와 계시는데 그분의 말씀에 의하면 '스피치와 여자의 스커트는 짧을수록 좋다'고 합니다. 그러나 자기 자신에 대한 소개를 하려고 해도 2~3분은 걸립니다. 이야기를 하려면 4~5분에 끝내기는 정말 어렵습니다. 또 그렇게 해서는 너무 미흡합니다. 그래서 저는 어떻게 하면 좋은지도 모른 채 일단 이렇게 일어서기는 했습니다만, 워낙 갑자기 지명을 받고 보니 아무런 준비도 없어 무슨 이야기를 해야 할지 그야말로 막연합니다. 그렇다고 거절하는 것도 실례가 될 것이므로 간단히 생각한 바를 말씀드리기로 하겠습니다."

그는 여기까지 말하는 데에 2분을 썼고 본론에 들어가서는 무려 20분이나 일장연설을 늘어놓았다. 그러고도 끝으로 한마디 더 곁들였다.

"너무 간단하게 말씀드리다보니 제 뜻을 다 전해드리지 못했습니다만 모처럼 지명을 받았기 때문에 한 말씀드렸습니다."

길게 늘어진 그의 인사말이 끝난 뒤 이어 등장한 김 박사는 앞사람이 스피치했을 때의 청중 분위기와 그의 스피치 화제를 교묘하게 이용하여 다음과 같이 말문을 열었다.

"길든 짧든 문제는 알맹이 나름입니다. 알맹이가 좋으면 스피치가 길어지더라도 듣는 사람은 이야기에 끌려서 시간 가는 줄도 모르기 마련입니다. 스피치를 잘하고 못하고는 웃음소리가 있는지 그렇지 않은지에 따라 분간됩니다. 웃음소리가 크게 나면 스피치가 길어지더라도 지루하지 않다는 증거입니다. 서양 사람들의 모임에는 항상 스피치가 있습니다. 그리고 그들의 스피치에서는 느껴지는 게 있습니다. 거기에는 청중의 웃음이 있습니다. 이야기하는 사람은 철저하게 사전 준비를 하고 옵니다. 내용의 소재 준비는 물론이거니와 준비한 이야기를 다듬고 또 다듬어 청중 앞에 나섭니다. 그래서 말에 낭비가 없습니다. 중복이 없습니다. 맥 빠진 대목이 없습니다. 필요한 때에 필요한 말을 필요한 만큼 합니다. 다소 서툴더라도 짧은 것 이상 좋은 스피치가 없습니다.

특히 연회 뒤의 스피치 시간에는 하루 일과에서 오는 듣는 사람의 피로가 있습니다. 청중 대부분이 푸짐하게 먹고 술도 몇 잔씩 마시고 있습니다. 개중에는 배가 부르고 취기가 올라 잠이 옵니다. 거기에다 대고 한 사람 한 사람의 스피치가 겹쳐집니다. 순서가 진행될수록 말하는 사람은 신바람이 날지 모르지만 듣는 쪽에서는 이만저만한 고역이 아닙니다. 졸리는 것을 참아가면서 억지로 듣지 않으면 안 됩니다. 서툴고 긴 스피치는 듣는 이에게 큰 피해를 끼칩니다. 그래서 되도록 스피치를 짧게 하자는 것입니다. 그런 의미에서 저의 스피치도 이것으로 마치겠습니다." (열광적인 박수)

즉석에서도 스피치를 잘하려면

사교 모임의 스피치는 대부분 즉석 스피치인 경우가 많다. 친목회에서 식후에 돌아가며 한 곡씩 노래를 부르는 것처럼 돌아가면서 한마디씩 하는 것이다.

거기에는 특별한 전문지식도 필요 없고 프로 연사들처럼 멋진 연설이 아니라도 상관이 없다. 그냥 일어나서 마이크를 잡고 분위기에 어울리는 말을 간단하게 하면 된다.

그런데 스피치가 스트레스로 돌아오니 모임마저 기피하는 사람들이 의외로 많은 것이다. 여기서는 그런 사람들을 위한 즉석 스피치의 요령을 알아보기로 한다.

1. 평소에 화젯거리를 모아둔다

요즘은 스피치 대중화 시대가 되어 모임에 가면 누구나 으레 한 말씀 하게 되어 있다. 노래의 레퍼토리가 많으면 몇 곡쯤은 부담 없이 부를 수 있는 것처럼 스피치도 화젯거리가 풍부할수록 어느 순간에라도 수준급 이야기를 할 수 있다.

2. 첫인사와 함께 주제를 선언한다

자리에서 일어나자마자 곧바로 본론으로 들어가면 인정머리 없어 보인다. 먼저 밝은 표정으로 간단히 인사를 하고 자신이 말하고자 하는 주제를 한마디로 요약해서 선언하면 된다.

3. 주제와 관련된 사건을 말한다

주제 선언은 자신이 말하려는 내용의 핵심이기 때문에 추상적이기 쉽다. 따라서 주제와 관련된 사건을 구체적인 예로 들어 이야기체로 말하면 청중은 쉽게 이해하고 공감하게 된다. 이때 자신의 체험담이나 상징적인 예화를 사용하는 게 좋다.

4. 느낌을 말하고 끝인사를 한다

주제와 관련된 사건은 재미있을 뿐더러 알아듣기도 쉽지만 자기주장이 빠져서 그냥 지나가는 이야기 정도로 끝날 가능성이 많다. 그러므로 사건에 대한 자신의 생각과 느낌을 반드시 말해야 한다. 여기서 주의할 점은 느낌을 말하되 짧게 해야 한다는 것이다. 길어지면 설교조가 된다.

"스피치는 모임의 입장권과 같다"는 말을 명심하고 스피치의 화젯거리부터 모으자.

12 긴장감, 피하지 말고 즐겨라

누구나 스피치 스트레스는 있다

대중 앞에서 스피치할 때 당신은 긴장되지 않거나 떨리지 않는가? 그렇다면 비정상적이다. 누구든 대중 앞에 서면 정도의 차이가 있을 뿐 긴장되는 것이 정상이다.

한창 인기를 끈 TV 프로그램 〈나는 가수다〉에 출연했던 가수들을 보자. 자기 분야에서는 내로라하는 일류가수고 그동안 수백 번도 넘게 대중 앞에서 노래를 부른 대중스타지만 인기 순위에서 밀려나지 않기 위해 최선을 다한 그들 모두에게 공통점이 있다. 그것은 바로 무대에 오르기 전에 보인 긴장과 떨림의 표정이 아니던가.

긴장이란 정신적·육체적으로도 잘해보려는 준비 태세이다. 프로급도 긴장되고 떨리거늘 아마추어들은 오죽하겠는가.

"공포를 주는 것이 사람들의 눈이란 걸 이번에 비로소 알았습니다. 처음 자기소개를 하려고 사람들 앞에 섰을 때 모든 눈들이 일제히 나를 향하고 있다는 걸 느꼈습니다. 그 순간 제 얼굴은 붉어지고 머릿속은 막막해지고 심장은 고동쳤습니다. 입은 바짝바짝 마르고 혀는 굳어졌습니다. 수족은 부들부들 떨렸고 눈앞이 깜깜해져 청중의 얼굴은 하나도 보이지 않았습니다. 말을 하려고 안달하면 할수록 말이 나오지 않는 겁니다. 이럴 때 청중을 호박이라고 생각하면 편해진다는 말을 들었지만 청중은 호박이 아니라 모두 나보다 훨씬 훌륭한 사람들로 생각되었습니다. 그 사람들 눈이 하나의 커다란 벽이 되어 내게 성큼성큼 다가오는 듯하자 나는 심한 압박과 공포를 느꼈습니다.

사면초가처럼 아군은 단 한 사람도 없었습니다. 다만 '나 혼자뿐이다'라는 고독감만 가슴에 가득했습니다. 아무런 나쁜 일도 하지 않았는데 뭔가 돌이킬 수 없는 실패를 했을 때의 기분으로 "미안합니다" 하고 용서를 빌고, 연단에서 한시라도 빨리 내려가고 싶은 그런 기분이었습니다.

어떻게 스피치를 마쳤고 어떻게 자리로 돌아왔는지 기억도 나지 않습니다. 마치 악몽 속을 헤매고 온 듯 완전히 괴로운 기분이었습니다."

이 내용은 어느 수강자가 스피치 강좌에서 많은 사람 앞에 나가 처음으로 스피치를 한 뒤 느꼈던 감상을 글로 적어 내게 보내준 것이다.

스피치할 때 사람들이 가장 많이 제기하는 문제는 '어떻게 긴장을 풀 것인가?' 하는 것이다. 수강자들 모두는 자신이 스피치할 때 긴장했으며, 긴장 스트레스 때문에 스피치를 피하게 된다고 말했다. 스피치의 스트레스, 긴장, 두려움, 용기 부족, 수줍음, 과언, 침묵, 스피치 공포 등 그것을 어떻게 부르든 초보 스피커의 그 느낌은 모두 같은 것이다.

누구나 긴장을 하지만 당신도 의연히 성공적인 스피치를 할 수 있다. 로마 제일의 웅변가 키케로, 불후의 명연설을 남긴 링컨도 청중 앞에 서면 커다란 긴장감을 느꼈다고 한다. 하지만 그들도 긴장감을 극복하고 스피치를 성공시키지 않았던가.

긴장을 극복하기 위한 구체적인 7가지 방법

그렇다면 긴장을 극복하는 방법도 배울 필요가 있다. 스피치를 성공시키려면 준비하는 과정에서부터 긴장을 극복하는 연습을 해야 한다. 이런 과정은 연사가 실제 스피치를 하는 시간으로까지 연장되기 때문이다. 다음은 연사들이 긴장을 극복한 구체적 방법들이다.

1. 자신에게 부담 없는 화제를 선택한다

싫증을 느끼는 화제는 긴장 심리를 유발하는 요인이 될 수 있다.

틀림없이 연사로 하여금 긴장을 느끼게 할 것이다. 마찬가지 맥락으로 당신이 잘 알고 있는 비교적 중요한 화제를 선택한다면 만족스러운 스피치를 위해 기초를 닦은 셈이 된다.

2. 준비를 충분히 하고 연습을 거듭한다

스피치의 준비, 스피치의 길이, 난이도는 당신의 스피치에 영향을 준다. 경험이 풍부한 연사는 스피치하기 한 달 전부터 준비를 시작한다. 그리고 반복 연습을 하고 수정 작업을 한다. 당신도 준비와 연습을 충분히 한다면 스스로 만족스러운 스피치를 해낼 것이다.

3. 심리적으로 가장 적합한 시간에 한다

스피치 시간을 배치할 때 당신은 시간을 선택할 수도 있을 것이다. 시간을 선택했다면 당신의 주의력을 이때부터 다른 스피치에 집중시켜라. 또한 다른 연사의 대화에 참여하도록 하라. 그러면 당신이 스피치할 차례가 돌아왔을 때 긴장이 풀리고 아주 느긋해질 것이다.

4. 음식물의 섭취를 조절해야 한다

스피치를 시작하기 직전에 포식하지 마라. 위장 통증이나 더부룩한 느낌이 생길 수 있다. 카페인이나 사탕 같은 것도 피하는 게 좋다. 이런 것들은 당신을 지나치게 흥분하게 만들 수 있다. 우유나 유제품도 삼가는 것이 좋다. 스피치 직전에 가장 알맞은 음료는 물이다.

5. 성공적인 스피치 경력을 상상한다

성공적인 스피치의 상상을 연습단계에서부터 가져라. 침착하게 미소를 지으며 연단에 오르는 자신의 모습을 상상하라. 스스로 '좋은 생각이다, 준비를 잘했다'고 자신을 일깨우고, 청중은 당신의 말을 듣고 머리를 끄덕이며 칭찬하고, 스피치가 끝나면 박수를 보낼 것이라고 상상하라.

6. 연단에 오르기 직전에 적극적으로 긍정한다

"나는 이 정보를 나누는 것을 아주 기쁘게 생각한다." "나는 이미 최선을 다했다. 충분한 준비와 연습을 해왔다. 이제 스피치를 하기만 하면 된다." 이런 생각은 스피치에 임하는 마음자세를 적극적으로 만드는 데 도움이 된다. 마법은 아니지만 스피치 직전의 당신의 사유를 개운하게 해줄 수 있다.

7. 시작하기 전 몇 초 동안 잠깐 침묵한다

연단에 올라 스피치하기 몇 초 전에 청중을 둘러보면서 미소를 지어라. 청중과 눈을 맞추면서 두세 번 심호흡하라. 그러면 당신의 호흡 균형에 도움이 된다. 첫 몇 마디를 하면서 주위를 둘러보라. 가벼운 몸동작이나 몇 발작을 움직이는 행위도 스피커의 긴장을 덜어줄 수 있다.

13 연단 공포와 응급 처치법

이유가 분명치 않은 연단 공포

프랭클린 루스벨트가 1933년 대통령 취임연설에서 한 말이다.

"우리가 두려워해야 할 유일한 것은 두려움 그 자체이다. 그것은 후퇴를 진보로 바꿀 수 있는 노력을 마비시키는, 이유가 분명치 않고 이름도 알 수 없는 공포이다."

이 말의 진의가 어디 있든 간에 연단 공포증에 대해 어떤 의사의 지침서나 핸드북보다 더 나은 말을 그는 남겼다.

'이름도 알 수 없고 이유가 분명치 않은 공포'는 대부분의 기업가들이나 대중연사들이 한 번쯤 경험하는 느낌일 것이다. 어떤 사람들은 성공적인 연설을 하고 난 후에도 몇 년 동안 그것 때문에 괴로워한다.

1933년 미국 텍사스 주 샌안토니오에서 태어난 캐롤 버넷, 그녀는 1962년 에미상을 시작으로 골든글로브 TV스타상, 골든애플어워드 올해의 여배우상, 골든글로브 최고여배우상, 피플 초이스 어워드 최고 인기상, 자유의 메달, TV랜드어워드 전설상 등 큰 상들을 휩쓴 그야말로 전설적인 베테랑 배우이며 코미디언이다.

그런 그녀도 "연설을 하는 것은 나를 긴장하게 하는 정도가 아닙니다. 나를 공포에 사로잡히게 합니다"라면서 스피치 공포증에 시달렸다고 고백한다.

그럼에도 불구하고 그녀는 따뜻하고 세련된 연설을 하는 명 스피커로 널리 알려져 있다. 그 비결은 무엇일까? 프로이든 아마추어이든 대중 앞에서 긴장하기는 마찬가지다. 아마추어는 그것을 없애려고 노력하지만 프로는 그것을 필요로 한다는 차이뿐이다.

당신이 스피치의 프로가 될수록 긴장감은 당신에게 유리하게 작용할 것이다. 긴장은 심리적·육체적으로 다음 행위를 잘하려는 준비 태세이기 때문이다.

많은 사람이 연단 공포증으로 스트레스를 받고 있다. 연단 공포증은 알코올중독과 같이 치료법이 없다. 만성중독자일 수도 있고 회복기에 있는 환자일 수도 있다. 그러나 연단 공포증을 최소한으로 줄이는 방법들이 있다. 연단 공포증을 조절할 수 있도록 도와주는 실제로 검증된 몇 가지 방법들을 소개하려고 한다.

긴장감의 증세와 응급 처치법

개나 고양이가 신체적으로 긴장감을 느낄 때는 그냥 몸을 쭉 뻗고 하품을 해버린다. 바로 이런 방법이 당신에게도 도움이 될 것이다. 만약 당신이 연설하기 전에 연단에 나가 있지 않아도 된다면 대기실이나 가까운 화장실에서 몸을 쭉 뻗으며 하품을 해보라.

여기 긴장을 해결하는 몇 가지 방법이 있다.

1. 떨린다

우리의 수족은 그것을 움직일 때보다 사용하지 않고 가만히 놔둘 때 더 떨리는 경향이 있다. 적당한 움직임과 제스처는 떨림을 완화시키고 연설을 생기 있게 한다.

존 F. 케네디 대통령이 사용한 '양 주먹을 쥐는' 방법도 좋은 방법이다. 떨림이 너무 심한 경우에는 연단의 양 끝을 가볍게 잡고 있으라. 팔 움직임을 진정시키고 떨림을 막는 효과가 있다.

목소리가 떨리는 것은 '음량을 조금 높이면' 극복될 수 있다. 연설 전에 카페인을 마시는 것은 피하라. 짧은 숨보다는 숨을 길게 내쉬고 빨리 들이마시는 동작을 해보라. 그러면 심장박동을 늦추고 떨림을 완화시킬 수 있다.

2. 갈증이 난다

입술이나 목이 마르는 것은 긴장감의 공통된 증상이다. 예방책으로는 연설하기 전에 술, 우유, 커피, 청량음료를 마시지 않는 것이다. 연설을 오래 하게 될 경우를 대비해 로널드 레이건 대통령은 목을 마르지 않게 하고 목소리가 잘 나오도록 하기 위해 따뜻한 물을 조금씩 마셨다.

절실한 방법으로는 앞니와 입술에 바세린을 조금 발라서 이와 입술이 부딪치는 일이 없도록 하는 것이다. 마지막 방법으로는 '아프지 않을 정도로 혀끝을 살짝 깨무는 것'이다. 그렇게 하면 침이 흘러나오게 된다.

3. 땀이 많이 난다

목 안이 고비사막처럼 건조해지고 동시에 이마와 목, 콧등에도 긴장으로 인한 땀이 늪지대처럼 질퍽거릴 때가 있다. 여기에는 어떤 특별한 해결책이 없다.

유난히 다른 사람보다 땀을 더 많이 흘리는 사람이 있다. 이것에는 두 가지 예방책이 있다. 땀띠약을 바르던지 땀이 많이 나오는 부위에 발한억제제를 바르는 것이다.

4. 얼굴이 빨개진다

어떤 사람들은 스트레스를 받으면 얼굴이 빨개진다. 긴장감 때문이다. 여성들이 더 빨개지는 경우가 많은데 그들은 화장이나 옷으로 감출 수 있다. 목까지 길게 올라오는 옷이나 밝은 색깔의 옷은 얼굴이 붉어져도 창백하게 보이는 효과를 준다.

유머 역시 훌륭한 위안이 된다. 적절한 유머는 긴장된 연사를 진정시켜주며 붉어진 얼굴을 정상으로 돌려놓는다.

연단 공포증은 영감을 위한 감미료이다

긴장감은 스피치를 성공시키기 위한 결단력이자 완벽한 연설을 하기 위한 열망이다. 그런 결단력과 에너지를 잘 이용하라. 그것을 훌륭한 연설을 할 수 있는 촉매로 활용하라. '영감의 감미료'를 스피치 성공의 에너지로 사용하라.

더 이상 연단 공포증을 겁내지 말자. 적절한 긴장감은 오히려 당신의 스피치를 생생하게 만든다.

14 이것만 조심하면 창피는 면한다

참고서를 잘못 사용하면 함정에 빠진다

한 달에 한 번씩 모여서 돌아가며 3분 스피치를 하는 경영자 모임이 있다. 평소에 달변가로 통하는 P사장은 L사장의 스피치가 시작되자 갑자기 안색이 변했다.

스피치를 할 차례가 왔는데도 그는 아무 말도 못하고 서 있기만 했다. 원인은 앞서 발언한 L사장의 스피치와 자신이 준비한 스피치가 똑같기 때문이었다. 같은 책의 같은 제목에서 내용을 가져온 것은 두말할 것도 없다.

이렇듯 스피치가 실패한 경우는 참고한 원문이 같기 때문에 생긴 희비극이다. 좋은 문구나 재미있는 예화가 청중을 사로잡을 것이라 믿고 그대로 사용하는 사람이 있는데, 조심하지 않으면 망신을 당한다.

정치, 사상, 종교의 화제는 피해야 한다

화제를 잘 선택하면 분위기가 좋아지지만 잘못 선택하면 분위기를 망친다. 화제 선택에서 조심해야 할 것은 정치, 사상, 종교 문제이다. 이런 문제는 분위기를 깨는 원인이 되기 십상이다.

친한 친지와 부담 없이 이야기를 나누다가도 이런 화제에서 서로 부딪히면 상호 간의 이해관계나 체면에 문제가 생겨 격론을 하게 되는 경우가 자주 일어난다.

그러므로 초면인 사람이 많거나 속셈을 알 수 없는 사람들 앞에서 스피치할 때는 이런 화제를 아예 삼가는 것이 좋다.

제멋에 겨운 유머는 듣기에 좋지 않다

유머는 경사스러운 자리에서 빼놓을 수 없는 소재이다. 하지만 상대를 얕보거나 저질의 농담을 잘못 던지게 되면 듣는 측은 '사람을 무시하는 것 같아 듣기 거북하다'는 거부반응을 일으킨다.

자기소개에서 재치를 노리는 것까지는 좋다. 그러나 "저는 제주도에서 생산되었습니다" 또는 "이강도라고 부릅니다. 언제 경찰에 잡혀갈지 모릅니다"라는 식으로 말하고서 자신은 멋을 부렸다고 생각할지도 모른다. 그러나 듣는 사람들은 그렇게 받아들이지 않는다는 점을 기억하자.

'저 사람은 공장에서 태어났나?'라든가 '한심한 사람이네' 하는 반응을 일으키기 쉽다.

유머로 시작한 것이 저질적인 농담으로 들려서는 안 된다.

젊은이의 부부 경험담은 반발을 사기 쉽다

모 대학의 총장이 어떤 모임에서 이런 스피치를 했다.

"남자들은 아름다운 여인을 좋아합니다. 그런데 여인을 아름답게 하는 방법도 모르는 남자가 의외로 많습니다. 어떻게 해야 아름다워지는가 하면 그것은 사랑하는 일입니다. 못살게 굴면 추해집니다. 그 증거로 제 아내는 미인은 아니었지만 40년 동안 사랑해주었더니 지금에 와서는 아름다운 할머니가 되었지요. 실험에 의해 증명된 사실입니다."

순간 청중은 폭소를 터트렸다. 이런 부부의 경험담을 연배의 사람이 이야기한다면 몰라도 젊은 사람이 자기들의 부부애에 관해서 말하는 것은 듣는 사람들에게 오해나 반발을 살 염려가 있다.

억지 이론으로는 사람을 감동시키지 못한다

고금동서의 명문구나 격언 같은 것을 제멋대로 해석하거나 인용하는 연사가 있다. 재미도 없는 말을 제멋에 겨워한다면 억지를 부리는 것처럼 분위기를 서먹하게 만드는 스피치도 없을 것이다.

억지스런 이론이라도 참석한 모두에게 '그렇겠군' '그럴듯해' '그렇게도 되겠지' 하는 생각을 갖게 만드는 것이라면 유머도 되고 위트도 될 수 있다. 그러나 이것은 스피치에서 상당한 실력을 요한다. 그러므로 무리한 인용이나 해석은 하지 않는 편이 좋다.

자기 PR은 말을 잘해도 거부당하기 쉽다

어느 축하 모임에 참석한 스피치 강사의 이야기다. 몇 사람의 스피치가 끝난 다음에 그 강사가 자리에서 일어나 다음과 같이 말했다.

"지금까지 말한 K씨의 이야기는 이렇게 해야 했고, N씨는 이렇게 했었더라면 좀 더 내용이 뚜렷해질 것……."

그는 앞 사람들의 스피치를 비평하고 자기 PR을 잔뜩 늘어놓은 뒤 마지막으로 축하한다는 말을 남기고 자기 자리에 앉았다.

당연히 그 다음 차례의 스피커는 겁을 먹을 수밖에 없었고 청중의 분위기도 식어버렸다.

개인의 이름을 거명할 때는 배려가 필요하다

스피치 상황에서 개인의 이름을 거명해야 할 경우에는 기준이 있다. 어떤 사람을 칭찬할 때는 꼭 그 사람의 성명을 밝히고, 그 사람에게 무언가 부정적 요소가 있을 때는 그 사람 개인의 성명을 밝히지 않는 게 좋다.

모임의 주인공은 평소에 신세를 진 사람이나 모임을 준비한 사람의 이름을 거명하고 경의와 감사를 스피치에 담아 말해야 한다. 그런 경우에는 한두 사람의 중요 인물만 이름을 거명하지 말고 다음과 같이 말해보면 어떨까.

"○○○씨, ○○씨, 그리고 두 분의 곁에서 음양으로 애써주신 많은 분들에게 진심으로 감사를 드립니다."

이렇게 하는 편이 인사 소개를 하는 사람의 빈틈없는 배려이다. 그래야 참석자 모두 좋게 느낀다.

원고를 보고 읽으면 매력은 반감한다

스피치 연습도 제대로 하지 않아 시종일관 원고만 보고 읽는 사람들이 있다. 매력이 있을까?

"위대한 웅변가가 되는 길은 무엇입니까?"

누군가가 웅변가 데모스테네스에게 묻자 그는 다음과 같이 대답했다.

"면밀한 원고를 작성한 후 연단에 오르기 전에 버리는 것이다."

이런 수법을 전문가가 아니면 쓰지 못하는 것도 아니다. 평범한 스피치 상황에서도 원고를 그대로 읽기보다는 설사 막히는 순간이 올지언정 원고 없이 스피치를 하는 편이 듣는 사람에게는 감명을 준다. 원고는 스피치를 하기 전까지의 산파 역할에 불과한 것이다.

15
모임 스피치의 가이드라인

모임에는 스피치가 있다

해마다 연말이 다가오면 송년회, 시상식을 비롯해 각종 모임이 빈번해지고 그런 모임에 참석하게 되면 으레 스피치를 하게 된다. 그런 자리에서 스피치에 자신 있다고 말하는 사람은 그리 많지 않다. 자신감은커녕 청중 앞에서 스피치를 해야 한다는 생각만으로도 밥맛이 없어지고, 손에 식은땀이 나고, 입이 바짝바짝 마르는 사람이 있다. 그래서 스피치를 처음 해야 하는 사람은 누구라도 두려움에 심장이 얼어붙는다고 하소연한다.

그러나 당신이 벙어리가 아니라면 크게 걱정할 필요는 없다. 한 사람 앞에서 말을 잘할 수 있다면, 100명 아니 1,000명 앞에서도 충분히 말을 잘할 수 있기 때문이다. 일대일의 대화건 많은 사람을 상대로 하는 대중 스피치건 간에 스피치는 말이 아닌가. 더구나 외국어로 말하는 것도 아니고 모국어로 하는 것인데 못할 것이 무언가.

"알면 쉽고 모르면 어렵다"는 말처럼 스피치의 요령이나 기술을 배우거나 익히지 않았기 때문에 두렵고 서툰 것뿐이다. 스피치는 생각보다 쉽고 매력적이다.

연사가 가장 듣고 싶어 하는 소리가 있다. 끊이지 않는 청중의 웃음소리, 연사의 말에 수긍하는 작은 웅성거림, 마지막에 힘차게 쳐주는 박수소리, 특히 형식적인 박수가 아닌 힘찬 감동의 박수소리가 그렇다. 이렇게 청중에게 인정을 받은 연사는 정말 행복한 기분을 만끽할 수 있다. 이때 연사는 스스로 그 일을 잘해냈다는 만족감까지 얻는다.

그렇듯 좋은 결과를 내기 위해 특별히 셰익스피어의 명대사를 준비하거나 육중한 목소리가 있어야 되는 것은 아니다. 가장 먼저 필요한 것은 준비, 그것도 철저한 준비여야 한다. 그리고 무엇보다 중요한 것이 상황에 맞고 자신의 능력에 적합한 스피치 가이드라인을 선택하는 일이다.

'가이드라인'은 스피커가 지켜야 할 금지선이다. 대중 스피치에 관한 몇몇 책들을 보면 너무 많은 규칙들을 내세우고 있다. 만일 그런 책에서 주장하는 규칙들을 다 지키려고 신경쓰다 보면 실전에서 연사는 움직이지도 못하고 혀는 굳어버려 당황할 수밖에 없을 것이다.

하지만 너무 걱정할 필요는 없다. 필요한 것은 신중하고 철저한 준비이며 적절한 가이드라인이다. 그것을 적절하게 사용하기만 하면 된다.

스피치를 시작하기 전에 반드시 알아야 할 포인트가 있다. 대중 스피치는 청중을 위한 것이 아니라 바로 당신 자신을 위한 일이라는 것이다. 스피치를 제대로 잘하는 것은 인생에서 가장 즐거운 일 중의 하나이다.

스피치 가이드라인 9가지

당신의 즐거운 스피치를 위한 몇 가지 가이드라인을 알아보자.

1. 먼저 스피치의 길이를 결정한다

대부분의 경우 짧을수록 좋다. 에이브러햄 링컨의 〈게티스버그 연설〉은 3분도 채 되지 않았고 마이크도 없었지만 역사상 가장 유명한 스피치 가운데 하나로 인정받고 있다.

행사장에 가보라. 연사가 처음 자리에서 일어났을 때 흥미를 느낀 청중들은 조용히 귀를 기울인다. 하지만 스피치가 길어지면 연사는 달그락거리는 젓가락 소리나 듣게 될 것이다.

2. 참석자 중 언급해야 할 이름이 있을 때를 대비한다

스피치를 시작할 때 말해야 하는가? 스피치 도중에 말해야 하는가? 사람들은 많은 사람이 모인 곳에서 자신의 이름이 언급되어 치하받기를 좋아한다. 만약 청중 가운데 있는 이름을 연사가 스타일 있고 위트 있게 언급하여 처리할 수 있다면 스피치의 성공은 보장된 것이나 다름없다.

3. 마무리, 즉 결론은 쉽게 만들 수 있다

바로 건배만 제의하면 된다. 또는 멋진 인용구로 마무리하면 된다. 결론은 특히 중요한 부분이다. 인용할 문장을 헷갈려 한다거나 성급하게 끝맺으면 안 된다.

4. 스피치할 전체 문장을 다 쓸 것인가, 아닌가! 그것이 문제로다

본인이 편한 대로 하면 된다. 만약 스피치 문장이 반드시 있어야 스피치를 할 수 있다면 그렇게 해도 괜찮다. 초보자든 베테랑이든 스피치 문장이 꼭 필요한 자리가 있다. 바로 장례식장에서 고인에게 추도사를 드리는 경우이다.

5. 스피치 문장을 하나로 고정시켜 놓거나 낱장으로 정리해 놓는다

준비한 스피치 문장에 고정 클립은 사용하지 않는 게 좋다. 미끄러워 빠져버릴 수가 있다. 스피치할 때 연단을 사용한다면 연단이 얼마나 넓은가에 따라 스피치 문장을 손에 들고 할지 연단에 내려놓고 할지를 결정해야 한다.

6. 서두나 결론은 전체 문장을 모두 써놓는 게 현명하다

스피치의 전문을 손에 들고 하지 않는다면 노트나 카드를 사용할 수 있을 것이다. 다만 스피치 도중에 언급할 이름이 있다면 거기에 미리 써넣고 간단한 설명까지 함께 적어놓는 것이 좋다.

7. 할 수 있다면 물 한 잔을 미리 준비해 놓는다

테이블에서 하는 스피치에 비해 연단에 서서 말하는 게 더 어려울 수 있다. 말이 다소 막혔을 때를 대비한다면 물 한 잔도 숨을 돌리는 좋은 도구가 될 수 있기 때문이다.

8. 건배 제의를 할 때는 주인공 얼굴을 쳐다본다

건배를 제의할 때는 그 자리의 주인공이 누구인지 명확히 알 수 있도록 해야 의미가 있다. 그리고 굳이 박수소리가 날 때까지 기다리지 말고 자리로 돌아가서 앉는다.

9. 자리에 앉았을 때는 미소를 짓는다

옆 자리에 있는 사람에게 자신이 잘했는지를 묻는 말은 하지 않는 게 좋다. 스피치가 다 끝난 후에 사람들이 정말 잘했다며 열광하지 않는다고 해서 마음 상할 필요도 없다. 자신이 스피치하지 않는 자리에서 다른 사람들의 스피치를 칭찬해주는 사람은 거의 없기 때문이다.

16 조례 스피치엔 공동의 목적을 담아라

조례 스피치의 목적

어느 직장이든 조례 시간이 있으며 조례에는 으레 스피치가 있기 마련이다. 조례의 목적은 여러 가지 있을 수 있지만 최대의 목적은 직원의 마음을 하나로 모으고 힘을 결집하는 데에 있다.

특히 조례 스피치는 구성원들의 사기를 북돋워 그날의 경영성과를 높이는 데 목적이 있다. 그렇다면 조례 스피치는 제대로 이루어지고 있을까.

어느 회사의 근처에 있는 식당에서 두 청년의 대화가 들려왔다.

"내일은 조례가 있는 날이지?"
"또 사장의 설교를 들어야 하니, 맥이 풀리는데."

"그래, 요즘 불경기라서 잔소리가 점점 더 심해지는걸."
"아침의 1시간은 그날의 계획을 세우기에도 바쁜데 정말 괴로운 일이야."
"할 수 있나. 회사 돈을 받고 있는 동안 한 달에 한번은 참아주는 거지 뭐."

이 회사의 사장은 무엇 때문에 조례를 하는 걸까. 대화 내용으로 봐서는 사장이 매월 1회씩 조례 스피치를 한다는 것인데 만일 조례가 매일 실시되고 있는 직장이라면 큰일 날 일이 아니겠는가.

직장이란 제각기 환경이 다른 각인각색의 사람들이 모인 집단이다. 그들 중에는 부부싸움으로 기분이 상해 있는 사람, 숙취로 기운이 없고 멍해 있는 사람, 만원버스 속에서 시달려 화가 잔뜩 나 있는 사람 등 별사람이 다 있을 것이다.

이처럼 기분이 제각각인 사람들이 같은 시각에 출근하여 얼굴을 맞대는 곳이 직장이다. 직장에 기분이 상쾌한 사람들뿐이라면 좋겠지만 아침부터 내키지 않는 기분으로 일하는 사람들은 능률도 오르지 않고 실수도 많게 된다. 이런 직장인의 기분을 전환시키고 모두의 마음을 한 곳으로 향하게 하여 그날 하루를 힘껏 일하도록 만드는 것이 조례 스피치다.

그럼에도 불구하고 불필요한 내용을 아무렇지 않게 되풀이하는 상사도 있다. 그런 스피치는 시간 낭비로 그치는 것이 아니라 참가자의 의욕을 저하시키는 역효과를 가져온다.

고쳐야 할 나쁜 습관 5가지

1. 난해한 말을 쓰지 마라

상대에게 의미가 통하지 않는, 즉 상대가 알 수 없는 말을 사용하지 말아야 한다. 어려운 말을 쓰는 버릇은 나이가 든 상사들에게 많다. 입버릇처럼 한문을 사용하거나 학식을 자랑하는 듯한 어려운 말을 요즘의 젊은이들에게 사용하는 것은 오히려 역효과를 낸다. 언어는 자기 의사를 상대에게 전하고 상대를 움직이게 하는 수단이기 때문에 상대에게 맞게 알기 쉬운 낱말을 써야 한다.

2. 군더더기 말을 빼라

'에……' '저……' '그……' '결국은……' 같은 군더더기의 말은 쓰지 않는 게 좋다. 이것은 말솜씨가 서툴거나 어휘가 부족한 경우에 나타나지만 남의 흉내를 내거나 딴 생각을 하며 말하거나 당황하는 사람에게서도 많이 나타난다. 그러므로 군더더기 말을 하지 않으려면 미리 초안을 만들거나 메모를 보면서 말해야 한다.

3. 비꼬는 말을 하지 마라

비꼰다는 것은 말을 빙 돌려서 심술궂게 상대의 약점이나 결점을 찌르는 것이므로 수준 있는 유머가 수반되지 않는 한 청중에게 혐오감을 일으킨다. 설령 악의가 없이 본의 아니게 나온 말이라도 비꼬는 말은 부하의 기분을 상하게 하고 노동 의욕을 저하시킬 뿐만 아니라

때로는 적대 감정까지 일으키기 때문에 주의해야 한다.

4. 자기 자랑을 하지 마라

자기 자랑은 좋게 평가받고 싶다든지 허장성세하고 싶은 기분에서 나온다. 경우에 따라서는 자기 자랑이 들어가야 할 때도 있지만 이런 때에도 처음이나 말하는 도중에 '내 자랑이 될지 모르겠지만' 하고 이야기하든지, 이야기가 끝난 뒤 '내 자랑이 되고 말았지마는' 하고 상대를 배려하는 마음을 써야 한다. 그래야 불쾌감을 조성하지 않는다. 직장에서의 자기 자랑은 부하를 둔 사람일수록 신중해야 한다.

5. 설교하기보다는 꾸짖어라

설교는 부하들이 가장 싫어하는 것 중 하나이다. 그 이유는 설교가 단순히 꾸짖는 것도 아니고, 주의나 충고와도 달라서 부하를 움직이지 못하게 만들기 때문이다. 게다가 설교를 좋아하는 상사일수록 말솜씨도 없는데다 대개 장광설로 끝난다. 눌변에 장광설은 조례의 본래 취지를 반감시킬 뿐이다. "설교할 정도이면 차라리 꾸짖어라." "설교를 듣기보다 나무람을 당하는 편이 낫다"란 말은 직장에 한하지 않고 어디에나 맞는 말이다.

3분 스피치의 비결

요즘은 스피드 시대이다. 급변하는 상황에서 경쟁자들보다 한 걸음 앞서기 위해서는 모든 면에서 속도가 요구된다. 스피치도 3분으로 끝내는 직장이 되어야 한다. 조례는 그 점에서 대단히 적절한 상황이다. 하루 한번 짧은 시간에 얼굴을 맞대는 것만으로도 그 목적을 달성할 수 있기 때문이다. 3분 동안 가장 요령 있게 간결한 이야기로 사람을 움직일 수 있는 것이 조례 스피치다. 다음과 같은 점에 주의하면 된다.

1. 스피치의 목적을 분명히 한다

스피치하기 전에 그 목적을 스스로 확인하고 상대에게 어떻게 하면 잘 알릴 수 있을지에 대해 주도면밀하게 준비하라.

2. 쓸데없는 이야기를 하지 않는다

쓸데없는 이야기는 빼버려라. 이것도 말하고 싶고 저것도 말하고 싶다는 생각을 버려라. 테마를 하나로 좁혀 스피치를 짧고 간단하게 하라.

3. 클라이맥스는 한번으로 한다

스피치에 굴곡이 없으면 밋밋해지기 때문에 클라이맥스가 필요하다. 조례 스피치의 경우 클라이맥스는 한 번만으로 족하다.

17 탁월한 임기응변의 달인 3인방

그래서야 어떻게 큰 정치를 하겠나

지금은 작고하셨지만 나의 은사 이종린 박사는 대단한 웅변가였다. 국회의원, 동국대학교 법정대학장과 대학원장 등을 지낸 그의 스피치는 청중을 사로잡는 데에 일품이었다.

그는 풍부한 음성으로 청산유수처럼 말을 거침없이 쏟아내는 연발법(連發法), 역사적 사건의 연대와 통계를 암기하고 위인들의 명언이나 격언을 나열하는 다발법(多發法) 등을 스피치 스타일로 구사하여 청중을 사로잡았다. 대학에서는 명교수로 정평이 나 있었다.

어느 날 이 박사가 정치사상에 대해 강의할 때의 이야기다. 평소와 다름없이 그의 스피치에는 역사적 사건과 연대들이 자료로 등장했다. 그런데 자칫 잘못하여 프랑스대혁명의 연대를 틀리게 말했다. 그때 마침 한 짓궂은 학생이 그 문제를 정정하고 나섰다.

"교수님, 프랑스대혁명은 1798년이 아니고 1789년입니다."

순간 강의실은 온통 웃음바다가 되었다. 그도 그럴 것이 평소에 통계와 연대를 기억해내는 일에는 자칭 컴퓨터라고 했을 정도였으니 말이다.

그러나 그 다음 이야기가 더 흥미로웠다. 무안당한 이 박사가 웃으면서 그 학생에게 물었다.

"그래, 자네 말이 맞아. 자넨 무슨 학과지?"

"네, 정치외교학과입니다."

학생이 의기양양하게 대답했다.

"정치외교학과라! 자네 전공을 바꾸지 그래."

일단 KO승을 거둔 학생은 어리둥절했다. 곧바로 이 박사의 불호령이 떨어졌다.

"정치를 하겠다는 학생이 교수가 연대 하나를 착각한 것을 가지고 따지고 들 정도로 아량이 없고서야 어떻게 큰 정치를 하겠나! 당장 전과하게."

박장대소하던 학생들은 숙연해지면서 무언가를 느낀 듯 머리를 끄덕였다.

스피치를 하다보면 뜻하지 않은 실수나 착각으로 곤란한 상황에 처할 때가 있다. 그때 필요한 것이 임기응변이다. 임기응변은 전화위복을 연출하는 무기이다.

아인슈타인의 강의를 대신한 운전기사

아인슈타인이 상대성이론으로 노벨물리학상을 받았을 때의 일화이다. 당시 그는 미국의 여러 대학으로부터 쇄도하는 강연 요청으로 눈코 뜰 새 없이 바쁜데다 같은 이야기를 몇 번씩이나 반복하다보니 싫증도 났다. 그러던 어느 날 초청강연회를 가던 아인슈타인이 몹시 피곤하여 승용차 안에서 꾸벅꾸벅 졸고 있었다.

"박사님, 오늘 너무 피곤하신 것 같으니, 하루 쉬시지요."
"내가 강의를 안 하면 누가 대신해주기라도 한단 말이냐?"
"오늘은 제가 박사님 대신하지요."
"자네가 나 대신 강의를?"
"제가 박사님 강의를 어디 한두 번 들었습니까? 이제 박사님 강의라면 토씨 하나 안 빠뜨리고 그대로 할 수 있습니다. 그러니 이제 저하고 옷이나 바꿔 입으시지요."

그 기사는 아인슈타인을 모시면서 수십 번도 더 강의를 들은 데다가 그와 모습도 비슷하여 호기심이 발동한 나머지 아인슈타인의 옷으로 바꿔 입고 강의실로 들어갔다.

강단에 선 기사는 아인슈타인과 똑같은 내용의 강의를 했고 아인슈타인으로 오인한 청중들은 그의 훌륭한 강의에 박수를 아끼지 않았다. 아인슈타인 역시 강의 내용뿐 아니라 자신의 억양, 버릇까지 똑같이 흉내 내는 그의 연기에 감탄하지 않을 수 없었다.

그런데 문제가 발생하였다. 운전기사가 강의를 마치고 강단을 내려오려는 순간 한 교수가 질문을 한 것이다. 기사가 강의는 흉내를 낼 수 있었으나 질문에 답할 수는 없는 노릇이었다.

순간 아인슈타인은 아찔했다. 왜냐하면 그가 답을 못하면 결국 자신의 명성에 먹칠을 하게 되는 것이니까. 그러나 이때 그 기사가 하는 말이 걸작이었다.

"그 정도는 내 운전기사도 답할 수 있을 거요. 그에게 답을 듣기로 하지요."

그리고 진짜 아인슈타인을 불러내어 답하게 했다고 한다.

이 얼마나 순발력 있는 재치인가. 임기응변은 순발력이 필요하다.

공산당에 대한 개인감정은?

서로 다른 사회 환경을 배경으로 갖고 있는 사람들은 이데올로기 차원의 문제에서 차이가 드러나게 마련이다. 그런 사람들이 상이한 관념적 문제로 부딪쳤을 때 쌍방의 이해와 묵계를 가져올 수 있는 방법으로는 추상적인 이론이 아니라 적당한 유머나 농담이 나을 수 있다.

제48회 뉴욕국제펜클회의에서 한 사람이 《담장》,《미식가》 등으로 국내에도 잘 알려진 중국의 유명한 작가 루원푸(陸文夫)에게 이런 질문을 했다.

"루 선생님은 성(性)문학을 어떻게 보고 있습니까?"

"서양 친구들은 선물박스를 받았을 때 사람들이 보는 그 자리에서 풀어보지만 중국 사람들은 보통 손님들이 떠나간 다음에 풀어봅니다."

이런 대답을 듣자 사람들은 웃으면서 박수를 보냈다.

중국의 저명한 여류작가인 천룽(讌容)은 《중년에 이르러》라는 소설을 썼다. 그가 미국을 방문했을 때 모 대학에서 강연하게 되었다. 적지 않은 학생들이 그에게 질문했는데 그는 일일이 진솔하게 답변을 해주었다.

그런데 갑자기 한 학생이 아닌 밤에 홍두깨 식으로 질문했다.

"듣자니 아직까지 중국공산당 당원이 아니라면서요? 중국공산당에 대해 어떻게 생각하는지 개인감정을 말해주십시오."

그러자 천룽은 아주 민첩하게 대답했다.

"당신의 정보가 아주 정확하군요. 저는 확실히 아직 중국공산당 당원이 아닙니다. 하지만 저의 남편은 공산당 당원입니다. 저는 그이와 이미 몇십 년을 같이 생활해왔는데 아직까지 이혼하려는 징조는 없습니다. 그러니 제가 중국공산당에 얼마나 깊은 감정이 있는가를 알 수 있을 겁니다."

논란이 생길 수 있는 문제를 위트 있게 답하면 여러 가지 시끄러운 이론의 함정에 빠지지 않을 수 있다.

18
청중이 느껴야 진짜다

스피치의 양과 질의 문제

중소기업을 경영하는 최병도 회장은 지금도 만학의 기쁨을 만끽하고 있다. 그는 뒤늦게 공부하는 것에 취미를 붙여 대학의 최고경영자 과정을 자그마치 65군데나 다녔다.

그동안은 정신없이 일만 하다가 나이 들어서는 회사를 후진에게 물려주고 새로운 공부를 하러 다녔다. 그러다 보니 아는 것도 많아지고 사람들과의 교제로 새로운 즐거움도 얻었다.

그는 180센티미터가 넘는 큰 체구에다 인물 좋고 말 잘하고 심성 또한 좋아서 주위 사람들에게도 인기가 이만저만이 아니었다. 갈 곳도 많고 오라는 곳은 더 많았다.

그가 모임에 참석할 때면 그는 으레 스피치 청탁을 받고 한 말씀하게 되었다. 그렇기 때문에 그는 사전에 청탁을 받았건 안 받았건 나름대로 스피치를 준비해서 모임에 참석했다. 그는 특히 분위기에 알맞은 스피치를 하기 위해 주변을 살피는 노력도 게을리하지 않았다.

그는 '스피치를 하고 난 후 감동받은 청중의 박수갈채를 받는 그 기쁨은 체험해보지 않은 사람은 모를 것'이라고 주장하는 스피치 예찬론자이기도 하다.

지금은 스피치의 대중화 시대다. 그래서 그런지 웬만한 모임이면 으레 스피치 시간이 있으며, 누구나 스피치를 하는 연사가 될 수도 있다. 스피치의 양적인 팽창인 것이다.

그런데 문제는 스피치의 질이다. 예전에는 지식이 많고 스피치를 많이 해본 사회 지도층 인사나 스피치 훈련을 거친 전문가들이 주로 스피치를 했기 때문에 그들의 탁월한 스피치 내용과 능숙한 화술은 청중에게 감동을 줄 수 있었다.

반면에 요즘에는 지식이 많든 적든 스피치를 잘하는 사람이든 못하는 사람이든 누구나 스피치를 하다 보니 스피치의 양적 성장에 비해 스피치의 질은 점점 떨어지고 있다.

어떤 스피치든지 청중은 대부분 듣기만 한다. 엄밀히 말해서 깜박 잠이 들거나 자리에서 일어나 밖으로 나가지 않는 한 스피치를 듣지 않을 수가 없다. 단지 청중이 듣는 행위는 스피치의 성공과 관계가 없다.

만약 청중이 단순히 스피치를 듣기만 하고 정서적으로 느끼지를 못했다면 그 스피치는 성공하지 못한 것이다. 스피치의 목적은 청중으로 하여금 연사의 말을 듣고 느끼게 하는 것이기 때문이다.

그러면 청중을 느끼게 하는 스피치, 청중을 감동받게 만드는 스피치를 하려면 어떻게 해야 하는가.

청중을 감동하게 하는 7가지 방법

1. 연사 자신이 먼저 느껴야 한다

진실한 스피치는 연사의 마음속에서 우러나온다. 연사 스스로 확신하고 있는 가치나 진실이어야 청중에게 감동을 줄 수 있다. 만약 연사가 스피치 주제에 대한 믿음이 없다면 청중 역시 그 말을 믿지 못할 것이다. 청중을 감동시키기 위해서는 자신이 먼저 스피치 내용에 감동할 수 있어야 한다.

2. 논리에 너무 의존하지 마라

가장 지루한 스피치는 논리적으로 치밀하게 구성되고 너무 세련되거나 진지한 사실 중심의 내용으로만 연결되는 스피치다. 모자이크처럼 딱 잘 들어맞는 스피치는 청중에게 지루함을 줄 뿐이다. 그렇다고 해서 스피치를 준비할 때 논리를 배제하라는 것이 아니다.

스피치는 자신의 생각이 잘 정리되어 있어야 한다. 그러므로 스피치 체계는 논리적으로 구성하되 표현은 감정을 살려서 하라.

3. 자신의 신념을 솔직하게 말하라

자신의 신념을 솔직하게 말하는 것에 대해 꺼려하는 연사가 의외로 많다. 이런 연사는 자신의 신념을 논리적으로 포장해서 청중에게 호소하려는 성향이 있다.

연사가 자신의 관점을 솔직하게 말하지 않으면 청중은 감동을 받지 못한다. 그러므로 자신의 신념을 빙빙 돌려서 말하지 말고 솔직하게 적극적으로 피력하라.

4. 연설문을 단순히 읽지 마라

연단에 나와 자신이 써온 글을 건조하게 읽는 것처럼 청중을 실망시키는 연사는 없다. 그런 연사는 마음속 깊은 곳에서 우러나오는 연설을 할 만큼 스스로 충분한 믿음을 가지고 있지 않다.

그런데 왜 청중은 연사 자신도 흥분하지 않는 연설을 듣자고 귀중한 시간을 낭비해야 하는가. 스피치는 말하는 것이지 읽는 것이 아니다.

5. 극적인 구성을 한다

우리가 연극이나 영화, 소설 등을 좋아하는 이유는 이야기의 극적인 구성에서 희열을 맛볼 수 있기 때문이다. 어떤 사건을 밋밋하게 설명하듯 말하면 듣는 이에게 무슨 재미가 있겠는가.

이야기를 극적인 상황으로 구성하고 특히 클라이맥스를 잘 만들어야 청중을 감동시킬 수 있다.

6. 상황을 구체적으로 묘사하라

어떤 사건이 있었다면 그 상황을 구체적으로 묘사해야 한다. 예컨대 "아름다운 일몰을 보았습니다"라고 단순하게 말하지 마라. "경외심을 불러일으킬 정도로 놀랄 만큼 멋진 일몰이었습니다. 더구나 평생 잊지 못할 화려한 장관이었죠. 검붉으면서도 창백한 푸른빛과 선명한 핑크색으로 뒤덮여 있었습니다"라고 말해 보라. 그러면 청중은 연사가 말한 내용을 생생하게 '느낄' 것이다.

7. 속도를 조절하라

내용이 긴박한 상황이라면 빠르게, 느긋한 상황이라면 느리게 말하고, 소리를 질러야 할 상황이라면 소리를 질러라. 때로는 강한 어조로 한마디만 하는 것으로도 충분하다.

그리고 나서 청중의 긴장을 풀어줄 겸 천천히 편안한 목소리로 말하고 다시 스타일을 바꿔서 청중을 놀라게 하는 것도 필요하다. 단조로운 스피치는 청중을 졸리게 할 뿐이다. 스피치 속도에 변화를 줘라.

청취하도록 청중을 격려하라

청중의 주의를 집중시켜 연사의 말을 청취하게 만드는 것보다 더 중요한 것은 없다. 청중이 당신의 말에 주의를 기울이지 않거나 청취하지 않는 행위를 막는 보호기술에 대해 알아보자.

1. 스피치를 깔끔하게 하라

너절한 스피치는 청취를 방해한다. 너절한 스피치가 되는 이유는 익숙한 단어를 잘못 발음하는 것, 이해도를 방해하는 악센트, 단어 끝을 흐리는 것, 단조로운 어조로 말하는 것, 어색한 말씨 등이다.

청중의 청취도를 높이고 싶다면 당신이 문제점을 정확히 파악할 수 있도록 스피치 전문가의 평가를 받는 것이 좋다.

2. 재미있는 토픽을 선정하라

재미있는 토픽을 선정하는 것은 재미없는 것을 선정하는 것만큼 쉽다. 당신의 스피치 토픽에 대해 좀 더 진지하게 생각해보라.

당신이 존경하는 몇몇 사람들에게 당신이 수집한 스피치 목록 중에서 하나의 토픽을 뽑아보라고 해보라. 그리고 당신이 참고할 때는 왜 그들이 그 토픽을 뽑았는지 그 이유를 찾아보라.

3. 지나치게 자세한 내용은 피하라

청중은 일반적으로 스트레스 받는 것을 싫어한다. 당신의 토픽이 굉장히 많은 정신적 훈련을 요구하는 것이라면 당신은 청중을 따돌리게 될 것이다. 청중은 듣고 싶어 하지 않을 것이다. 설령 듣는다 해도 듣는 척에 불과할 것이다.

당신의 스피치가 어떤 피할 수 없는 세부사항을 포함해야 한다면 가능한 한 그것을 짧고 간단하게 만들어라.

4. 의사 방해를 하지 마라

청중들이 스피치를 허용할 수 있는 능력은 그들의 엉덩이가 얼마나 참을 수 있느냐, 즉 그들이 얼마나 오래 앉아 있을 수 있느냐에 비례한다고 한다.

의사 방해라는 말은 국회에서 의안의 통과를 방해하고 싶은 사람이 하는, 특히 길게 늘인 스피치를 말한다. 간결한 스피치는 정돈된 만큼 감칠맛을 낸다. 당신이 원래 스피치할 시간을 넘기지 않으려면 미리 전체 스피치 시간을 신중하게 재보고 언제 요약할지를 알아야 한다.

5. 유머는 항상 웃음거리가 아니다

유머는 스피치에서 역동적인 자산이지만 쓰기에 따라 그것은 역효과가 될 수도 있다. 신중한 청중 분석은 청중이 우습다고 생각할 수 있는 부분이 무엇이며, 그렇지 않다고 생각할 수 있는 부분이 무엇인지를 적시하는 것이다.

당신의 판단을 도와줄 좋은 룰은 '언제 그것을 말하느냐?' 하는 타이밍이다. 자기 확신이 서지 않는 연사들일수록 청중을 웃게 하는 것이 청중이 자신를 좋아하게 만드는 것이라고 생각한다.

청중의 웃음을 유발하는 행위는 연사의 긴장을 줄이는 좋은 방법이 될 수 있는 반면에 위험천만한 일일 수 있다. 그들은 당신을 보고

웃을 수도 있고 당신과 함께 웃을 수도 있다. 당신이 말한 어리석은 어떤 것에 대해 웃을 수도 있다. 그러므로 유머를 사용할 때에는 지극히 조심성을 가지고 하라.

6. 훌륭한 아이컨택을 유지한다

당신이 스피치를 하면서 청중을 똑바로 보지 않는 행위는 용납될 수 없는 일이다. 당신의 눈은 TV 카메라처럼 당신 말을 듣는 대상들을 매순간 탐색해야 한다.

연사로부터 시선을 받는 청중은 그렇지 않은 사람보다 훨씬 주의해서 듣는 경향이 있다. 청중에게 눈을 던지고 오른쪽에서 왼쪽으로, 앞쪽에서 뒤쪽으로 관찰하라. 당신의 눈으로 청중의 모든 사람이 들어야 한다고 주장하라.

7. 자료를 짜임새 있게 구성하라

이유도 없이 불충분하게 구성된 스피치만큼 청중을 참을 수 없게 만드는 것도 없다. 분별 있는 연사는 한 가지 사고에서 또 한 가지 사고로, 한 부분에서 다른 부분으로 쉽게 흐르도록 스피치를 구성한다.

청중은 연사가 이미 제공해야 할 필요한 내용 구성을 자신의 머릿속으로 조립해야 하는 것에 화낸다. 스피치 자료를 철저히 조직함으로써 당신의 청중을 이런 일에서 해방시켜라.

청중이 정신적으로나 육체적으로도 편안한 느낌을 갖도록 당신의 자료를 분명히 하라. 청중의 분열은 무관심을 초래하고 무관심은 불충분한 청취를 뜻한다는 것을 기억하라.

8. 비언어적인 단서에 민감하라

연사가 청중의 주의를 잘 관찰하면 청중은 연사에게 많은 정보를 준다. 이 사실을 알고 있는 연사들은 레이더 스크린에서처럼 청중의 청취 분위기를 끊임없이 감지해낼 수 있다.

청중이 청취를 멈추고 싶어 할 때 그들은 멈춤의 신호를 여러 가지 방법으로 연사에게 전달한다. 이 신호들은 대개 성격상 비언어적인 것이다. 이런 상황에 이르면 청중은 연사의 눈맞춤(eye contact)을 깨뜨리고 참을성이 없게 되며 개인적으로 독서할 자료를 찾거나 화장실에 가나 그냥 일어나서 나가버린다.

청중의 얼굴 표정도 연사의 스피치 진행에 도움이 되는 정보원이 될 수 있다. 청중이 청취를 멈추기 시작하면 흔히 그들의 얼굴에 싫증과 실망, 짜증과 무감각, 즐겁지 않은 표정이 나타낸다. 그러한 얼굴 표정들은 연사가 이야기를 잘 이끌어가지 못하고 있다거나 청중의 청취 의지를 부인했다는 것을 뜻한다.

이러한 신호에 민감한 연사는 그것을 역으로 이용할 수 있다. 청중으로부터 더 이상 따돌림당하기 전에 그들의 관심을 다시 사로잡도록 노력해야 한다. 이러한 청중의 신호를 연사가 감지하지 못한다면 그는 청취의 감소를 보충할 기회를 잃게 된다.

9. 마음의 문을 열어라

어떤 중요한 문제에서 '당신의 마음이 닫혀 있다'는 것을 청중이 발견해내는 순간, 그들은 당신에 대한 관심을 딴 데로 돌리고 말 것이다. 마음이 닫혀 있는 연사의 관점을 청중이 알고 있을 경우에 특히 그렇다.

청중은 연사가 어떤 문제에 대해 자신들의 의견을 지지해주면 귀를 쫑긋하고, 연사가 자신들의 의견에 동의해주지 않으면 귀를 막아 버린다고 한다.

성공하는 사람은
스피치가 다르다

초판 1쇄 인쇄 2013년 6월 25일
초판 1쇄 발행 2013년 7월 2일

지은이 김양호
펴낸이 이범상
펴낸곳 (주)비전비엔피·비전코리아

기획 편집 이경원 박월 신주식
디자인 최희민 김혜림
마케팅 한상철 이재필 김성화 김희정
관리 박석형 이다정

주소 121-894 서울특별시 마포구 잔다리로7길 12 (서교동)
전화 02)338-2411 **팩스** 02)338-2413
이메일 visioncorea@naver.com
블로그 blog.naver.com/visioncorea

등록번호 제1-3018호

ISBN 978-89-6322-058-1 03320

· 값은 뒤표지에 있습니다.
· 잘못된 책은 구입하신 서점에서 바꿔드립니다.

이 도서의 국립중앙도서관 출판시도서목록(CIP)은 e-CIP홈페이지(http://www.nl.go.kr/ecip)와 국가자료공동목록시스템(http://www.nl.go.kr/kolisnet)에서 이용하실 수 있습니다.(CIP제어번호: CIP2013007989)